essentials

Essentials liefern aktuelles Wissen in konzentrierter Form. Die Essenz dessen, worauf es als „State-of-the-Art“ in der gegenwärtigen Fachdiskussion oder in der Praxis ankommt. Essentials informieren schnell, unkompliziert und verständlich.

- als Einführung in ein aktuelles Thema aus Ihrem Fachgebiet
- als Einstieg in ein für Sie noch unbekanntes Themenfeld
- als Einblick, um zum Thema mitreden zu können.

Die Bücher in elektronischer und gedruckter Form bringen das Expertenwissen von Springer-Fachautoren kompakt zur Darstellung. Sie sind besonders für die Nutzung als eBook auf Tablet-PCs, eBook-Readern und Smartphones geeignet.

Essentials: Wissensbausteine aus den Wirtschafts, Sozial- und Geisteswissenschaften, aus Technik und Naturwissenschaften sowie aus Medizin, Psychologie und Gesundheitsberufen. Von renommierten Autoren aller Springer-Verlagsmarken.

Anabel Ternès • Christopher Runge

Reputationsmanagement

Manager und Führungskräfte

Prof. Dr. Anabel Ternès
Institut für Nachhaltiges Management
Berlin
Deutschland

Dipl.-Betriebswirt (B.A.) Christopher Runge
R&R Unternehmensgruppe
Berlin
Deutschland

ISSN 2197-6708
essentials
ISSN 2197-6716 (electronic)
ISBN 978-3-658-10306-4
ISBN 978-3-658-10307-1 (eBook)
DOI 10.1007/978-3-658-10307-1

Die Deutsche Nationalbibliothek verzeichnet diese Publikation in der Deutschen Nationalbibliografie; detaillierte bibliografische Daten sind im Internet über http://dnb.d-nb.de abrufbar.

Springer Gabler

Gedruckt auf säurefreiem und chlorfrei gebleichtem Papier

Springer Fachmedien Wiesbaden ist Teil der Fachverlagsgruppe Springer Science+Business Media (www.springer.com)

Was Sie in diesem Essential finden können

- Reputationsmanagement – warum ist es gerade für Manager und Führungskräfte so wichtig?
- Darstellung methodischer Herangehensweisen und Modelle für Manager und Führungskräfte
- Besonderheiten des Reputationsmanagements für Manager und Führungskräfte
- Professioneller Umgang mit den Medien
- Beispiele aus der Praxis

Inhaltsverzeichnis

Einleitung 1

1.1 Reputationsmanagement – warum ist es so wichtig?

Die folgende Einleitung beschäftigt sich mit Wesen und Methodik professionellen Reputationsmanagements.

„Die Bereitschaft, Produkte zu kaufen und zu empfehlen, für eine Firma zu arbeiten oder in sie zu investieren, wird zu 60 % bestimmt von dem Bild, das Menschen von einem Unternehmen haben, und nur zu 40 % von der Einschätzung der hergestellten Produkte", so Kasper Ulf Nielsen, Executive Partner am Reputation Institute (Nielsen 2013). Wird die Ware ökologisch korrekt produziert? Sind die Produkte biologisch abbaubar? Ohne chemische Zusätze? Zahlt das Unternehmen faire Löhne, produziert ohne Kinderarbeit und ist auch sonst als mitarbeiterfreundlich ausgezeichnet? All dies sind Fragen, die heutzutage Kaufentscheidungen beeinflussen und den guten Ruf eines Unternehmens formen.

Ein guter Ruf kommt einem Unternehmen in vielfältiger Weise zugute, weil er dazu beiträgt, dass das Unternehmen erste Wahl von Kunden, Investoren, Lieferanten und Mitarbeitern wird und bleibt. Eine hohe Reputation kann zudem die Konjunkturanfälligkeit von Unternehmen erheblich reduzieren, was sich nicht zuletzt auch während der Finanzkrise 2008 gezeigt hat. Zudem wirkt sie profilschärfend und erleichtert es Unternehmen so, sich in der Kundenwahrnehmung von Wettbewerbern abzugrenzen und Alleinstellungsmerkmale zu schaffen.

Grundlage für eine hohe Reputation bilden Werte wie Vertrauenswürdigkeit, Glaubwürdigkeit, Zuverlässigkeit und Verantwortung (Burkhardt 2008). Kunden neigen dazu, einem namhaften Unternehmen mit gutem Ruf eher die Treue zu halten als weniger gut beleumundeten Konkurrenten. Dies kann sich insbesondere in unsicheren und dynamischen Umfeldbedingungen als Schlüssel zur Kundenbindung erweisen, welche durch eine zunehmende Produkthomogenisierung immer schwieriger allein durch Qualität und Leistung zu erreichen ist.

A. Ternès, C. Runge, *Reputationsmanagement,* essentials,
DOI 10.1007/978-3-658-10307-1_1

Der Aufbau eines authentischen Erscheinungsbildes und direkte Kommunikation mit den Zielgruppen in Kombination mit dem Eingehen auf deren Bedürfnisse sind nicht zu unterschätzende Elemente der Kundenbindung. Fühlen User sich durch das Unternehmen ernst genommen, wird dessen Ruf positiv beeinflusst. Kunden, die sich zuverlässig betreut und beachtet fühlen, sind zufriedene Kunden. Betrachten diese ein Unternehmen als positiv und vertrauen auf seine Leistungsfähigkeit und Integrität, wirkt sich dies auch positiv auf die Umsätze aus.

Das Problem mit Vertrauen ist jedoch, dass es nur sehr schwer aufzubauen, aber erschreckend einfach wieder zu zerstören ist. Schnell kann so die Entwicklung ins Gegenteil umschlagen. Dann besteht nicht nur die Gefahr, dass sich bestehende Kunden abwenden, sondern ebenso, dass die Generierung von Neukunden schlimmstenfalls unmöglich wird. Zahlreiche Shitstorms in sozialen Netzwerken haben in den letzten Jahren gezeigt, wie schnell sich die Verärgerung einzelner Kunden zu einem handfesten Rufschaden ausbreiten kann. Genannt seien hier nur die „Wir sind Einzelfall"-Kampagne eines frustrierten O2-Kunden sowie der Facebook-Eintrag einer enttäuschten Vodafone-Kundin, der sich innerhalb weniger Stunden zu einem ausgewachsenen Shitstorm ausweitete (dazu näher Zollondz 2012; Bauer 2011).

Durch ein gut durchdachtes, systematisches Reputationsmanagement lassen sich diese Gefahren auf ein Minimum reduzieren.

Das Konstrukt Reputation ist sehr sensibel und bedarf eines aktiven, strategischen Managements. Nur so können Unternehmen die Marktchancen, die sich durch eine hohe Reputation ergeben, konsequent nutzen. Dabei sollte im Sinne eines ganzheitlichen Ansatzes sowohl online und offline agiert werden. Das Internet ist mittlerweile DAS Medium der Wahl für Kunden und potenzielle Mitarbeiter, um sich ein Bild über ein Unternehmen zu verschaffen. Schlechte Bewertungen oder negative PR erweisen sich hier als besonders schädlich. Mittels Blogs, interaktiver Unternehmensseiten oder Fanpages auf Facebook und Co. ist es möglich, Meinungen aktiv zu beeinflussen und Vertrauen zu schaffen.

Eine Studie von McKinsey aus dem Jahr 2009 zeigt, dass der Einsatz von Web-2.0-Instrumenten Umsatz, Marktanteile und Margen steigern kann. Je besser ein Unternehmen über soziale Medien extern verlinkt ist, umso größer sind tendenziell die Marktanteile. Und je stärker Social Media intern eingesetzt wird, umso größere operative Margen werden erzielt (Bughin et al. 2009).

Doch der eigene Webauftritt eines Unternehmens allein genügt nicht, um einen guten Ruf aufzubauen und langfristig zu erhalten. Der Kunde von heute hat sich längst vom einfachen Konsumenten hin zum „Prosumenten", zum sogenannten Prosumer entwickelt. Kunden konsumieren nicht mehr lediglich Produkte, sondern sie werden immer mehr zur Stimme dieser Produkte. Und entscheiden so – insbesondere auf Internetplattformen und in Social Media – über Erfolg oder Misserfolg eines Produktes und einer Marke. 70 % der Internetnutzer vertrauen nach aktuellen Umfragen dem Urteil unbekannter User, während 75 % den Werbebotschaften von Unternehmen nicht mehr glauben (Petersen 2012).

Online-Bewertungsportalen wie Yelp, Ciao oder auch Amazon sollte daher besondere Aufmerksamkeit geschenkt werden. Laut einer Studie von IBM aus dem Jahre 2011 ziehen 50 % der Befragten zwischen 16 und 64 Jahren, die über einen Internetzugang verfügen, für ihre Kaufentscheidungen soziale Netzwerke heran. Von den Befragten gaben 35 % an, dass sie Social-Media-Plattformen nutzen, um Produktbewertungen, Rankings und Services nachzulesen (IBM Studie: Soziale Netzwerke beeinflussen mehr als die Hälfte der Käufer bei ihrer Entscheidung – sogar im Ladengeschäft 2011).

Die auf Bewertungsportalen abgegebenen Urteile können den Ruf eines Unternehmens sowohl fördern als auch immens beschädigen. Negative Informationen entwickeln in Zeiten von Social Media schnell ein unkontrollierbares Eigenleben – mit unabsehbaren Folgen für ein Unternehmen. So entsteht ein Schaden, der nur über einen sehr langen Zeitraum und oftmals, wenn überhaupt, nur teilweise behoben werden kann.

Besondere Bedeutung gewinnt die Reputation eines Unternehmens nicht nur bei der Gewinnung von Kunden, sondern auch bei der Akquise neuer Mitarbeiter. Längst herrscht in vielen Branchen ein Kampf um qualifiziertes Personal und Fachkräfte. Überall dort, wo Fachkräfte knapp sind, müssen Unternehmen sich bemühen, die besten Bewerberinnen und Bewerber für sich zu interessieren und einzustellen.

Im Kampf um Talente – dem War of Talents – spielt neben der rein materiellen Ausstattung einer Position auch die Reputation des Unternehmens eine entscheidende Rolle. Der Stolz auf das Unternehmen und die ausgeführte Arbeit ist für viele Mitarbeiter ein wesentliches Element des Lebenssinns.

Dieser „War of Talents“ kann wirkungsvoll mit geschicktem Employer Branding gewonnen werden. Hierunter versteht man die identitätsbasierte, intern wie extern wirksame Entwicklung und Positionierung eines Unternehmens als glaubwürdiger und attraktiver Arbeitgeber. Mittelbar steigert Employer Branding durch Gewinnung von High Potentials Geschäftsergebnis und Markenwert (Deutsche Employer Branding Akademie (DEBA), 2006). Als ein positives Beispiel aus dem Medienbereich ist hier die „Media Entrepreneurs“-Recruitingkampagne des Springer Konzerns zu nennen (Media Entrepreneurs Day 2012), die es schafft, kreative Köpfe gezielt anzusprechen.

So angreifbar der gute Ruf eines Unternehmens ist, so wenig sind die meisten Unternehmen für diesen Fall vorbereitet. Eine Umfrage des IT-Branchenverbandes Bitkom ergab beispielsweise, dass von den 172 befragten Unternehmen aus der Branche lediglich 42 % einen Krisenplan für die Kommunikation auf Facebook haben. Bei der Mehrheit von 45 % ist das nicht der Fall. Ein Viertel aller Unternehmen beschäftigt nicht einmal einen festen Mitarbeiter zur Betreuung der Facebook-Präsenz. Bei 29 % ist ein einzelner Mitarbeiter für die Betreuung zuständig, bei 41 % sind es zwei oder mehr. Aber: Nur bei 37 % der Unternehmen bestehen feste Vorgaben, in welcher Zeit auf Kundeneinträge zu reagieren ist. Bei 50 % hiervon liegt dieser Reaktionszeitraum bei 24 h – zu lange im Falle einer Krise (Bitkom 2012). Aktives Reputationsmanagement ist in vielen Unternehmen noch nicht fest verankert, obwohl dessen Relevanz der Unternehmensreputation dem Management durchaus bewusst ist (vgl. Schürmann 2006, S. 51 ff.). Zu diesem Ergebnis kommt auch eine Studie der Unternehmensberatung KPMG aus dem Jahre 2011: „Risk management is not fully integrated into day-to-day management decision-making" (Risk Management. A Driver of Enterprise Value in the Emerging Environment 2011).

Reagiert wird oftmals lediglich mit vereinzelten Hauruck-Aktionen zur Schadensbegrenzung. Um eine gute Reputation aufzubauen und langfristig zu erhalten, führt an aktivem, systematischem Reputationsmanagement jedoch kein Weg vorbei.

1.2 Definition

Der Begriff „Reputation" stammt aus dem Lateinischen und bedeutet hier „Erwägung", „Berechnung". Unter Reputation versteht man den Ruf eines Menschen, einer Gruppe oder einer Organisation. Eine gute Reputation wird mit einem hohen Ansehen gleichgesetzt. Bei Reputation spielen Glaubwürdigkeit, Ehrlichkeit und Vertrauen eine große Rolle.

Reputation zählt bei Unternehmen zum immateriellen Vermögen und ist damit Bestandteil des Firmenwertes. Einer Studie nach gilt es als das wichtigste immaterielle Gut im Hinblick auf zukünftige entscheidende Wettbewerbsvorteile (Hall 1992).

Burkhardt (2008) definiert Reputation aus betriebswirtschaftlicher Perspektive als Gesamtheit der Eindrücke, die bei allen Interessengruppen eines Unternehmens auf der Grundlage vergangener, gegenwärtiger und zukünftiger Aspekte entstanden sind. Diese wird beeinflusst durch Erfahrungen, kognitive Einstellungen und Anforderungen der Beteiligten, auf deren Grundlage das zukünftige Verhalten eines Unternehmens und dessen Auswirkung auf die eigenen Bedarfe gewertet wird. Schwalbach (2000) definiert Reputation als das von Außenstehenden wahrgenommene Ansehen eines Unternehmens. Immer mehr Bedeutung kommt hierbei über die funktionale Funktion hinaus der sozialen Komponente zu. Unternehmen sollten daher immer auch versuchen, ihren sozialen Status aktiv zu verbessern, denn immer mehr Kunden erwarten ein verantwortungsvolles Handeln in Zeiten knapper werdender Ressourcen (zu diesem Aspekt Fombrun und Shanley 1990).

Hier zeigt sich, wie sehr Reputation vom sozio-kulturellen Umfeld abhängt. Nach Burkhardt (2008) wird die positive Reputation von vier Dimensionen bestimmt: Vertrauenswürdigkeit, Glaubwürdigkeit, Zuverlässigkeit und Verantwortung. Reputationsmanagement umfasst demnach die Gesamtheit aller systematischen Unternehmensaktivitäten zum Aufbau, zur Erhaltung und zur Verbesserung einer positiven Unternehmensreputation (Burkhardt 2008). Nachhaltig erfolgreiches Reputationsmanagement bedeutet verantwortungsvolle Kommunikation mit allen Stakeholdern und reflektiert die Unternehmenskultur nach innen und außen.

Unternehmen müssen für Kunden in der öffentlichen Wahrnehmung sichtbar und durch ihr Profil unterscheidbar sein, kommunikative Maßnahmen sollten transparent, authentisch und vor allem im Einklang mit den angestrebten Zielen sein (Fombrun 2001). Wichtig ist hier die theoretische Differenzierung zwischen Image und Reputation: Images, gemäß der Bedeutung Bilder, sind Vorstellungen, die sich Betrachter machen. Reputation dagegen bedeutet die Aggregation dieser Bilder zu einem absoluten Wert, der letztlich über die wahrgenommene Qualität und Absatzerfolge entscheidet. Eine schlechte Reputation führt demnach zu einer schlechten Service- bzw. Qualitätseinschätzung. Eine hohe Reputation hingegen führt zu stark ausgeprägtem Vertrauen, das für die langfristige Kundenbindung wichtig ist.

Deutlich wird: Es zahlt sich aus, in eine hohe Reputation zu investieren. Unternehmen mit einem guten Ansehen können höhere Preise verlangen, Kunden gewinnen und binden, die besten Mitarbeiter für sich gewinnen und insbesondere in Krisenzeiten von ihrer Reputation als immateriellem Wert als Wettbewerbsvorteil zehren.

Voraussetzung hierfür ist ein systematisches, professionell begleitetes Reputationsmanagement, das gewährleistet, in Zukunft zu agieren, statt nur zu reagieren. Denn wer nur noch reagieren kann, hat alles Folgende womöglich nicht mehr unter Kontrolle.

1.3 Prozess des Reputationsmanagements

Der Aufbau einer hohen Reputation benötigt Zeit, Ausdauer und Konsequenz. Einmalige Aktionen reichen nicht aus, um langfristigen Erfolg zu generieren. Langzeitorientierung ist kurzfristigen Maßnahmen unbedingt vorzuziehen (Risk Management. A Driver of Enterprise Value in the Emerging Environment 2011).

Der Ablauf des Reputationsmanagements ist dabei idealerweise ein Kreislauf, ein andauernder Prozess, der immer wieder neu an den relevanten Punkten ansetzt und ergebnisorientiert die Reputation des Unternehmens immer wieder aufs Neue optimiert. Nur so kann nachhaltiger Erfolg in der Reputation garantiert werden.

Als Krisenmanagement kann Reputationsmanagement im Notfall auch singulär angewendet werden, um ein akutes Reputationsproblem zu lösen, beispielsweise um einen Shitstorm in sozialen Netzwerken einzudämmen. Hierbei handelt es sich jedoch lediglich um kurzfristiges Troubleshooting, das ein nachhaltiges Reputationsmanagement keinesfalls ersetzen kann.

Sinnvoll und nachhaltig wird Reputationsmanagement erst, wenn man es durchgehend in die klassische und Online-Marketing- und Kommunikationsstrategie des Unternehmens einbindet. Gutes Reputationsmanagement ist immer an die oberste Entscheidungsebene angelehnt und wird von dort aus in seiner Strategie entschieden.

Wie bereits eingangs erwähnt, ist in vielen Unternehmen noch keinerlei strategische Umsetzung von Reputationsmanagement anzutreffen. Umso wichtiger ist es für diese Unternehmen, die richtigen Schritte in die Unternehmensführung zu implementieren, um sich für einen nachhaltigen Wachstumskurs aufzustellen und sich entscheidende Wettbewerbsvorteile zu sichern. Die Abb. 1.1 und 1.2 zeigen detailliert, welche Schritte hierzu nötig sind.

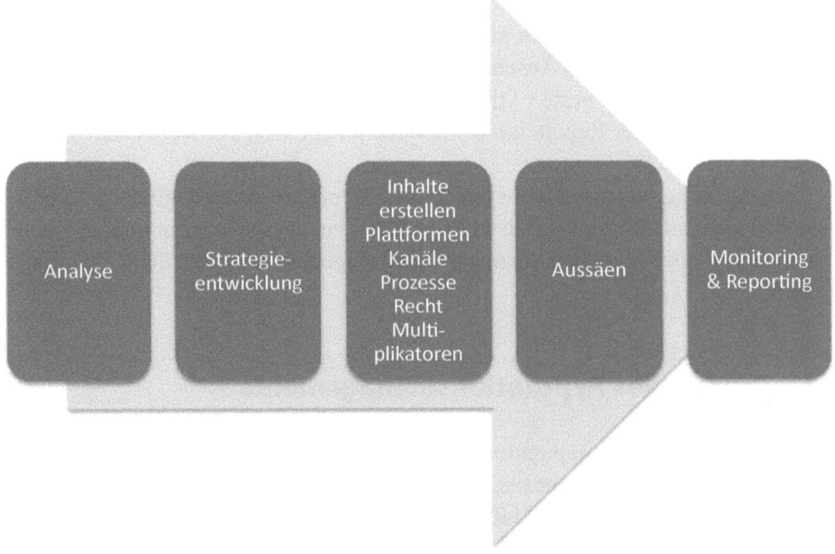

Abb. 1.1 Flussdiagramm des Reputationsmanagements. (Quelle: Runge und Ternès 2014)

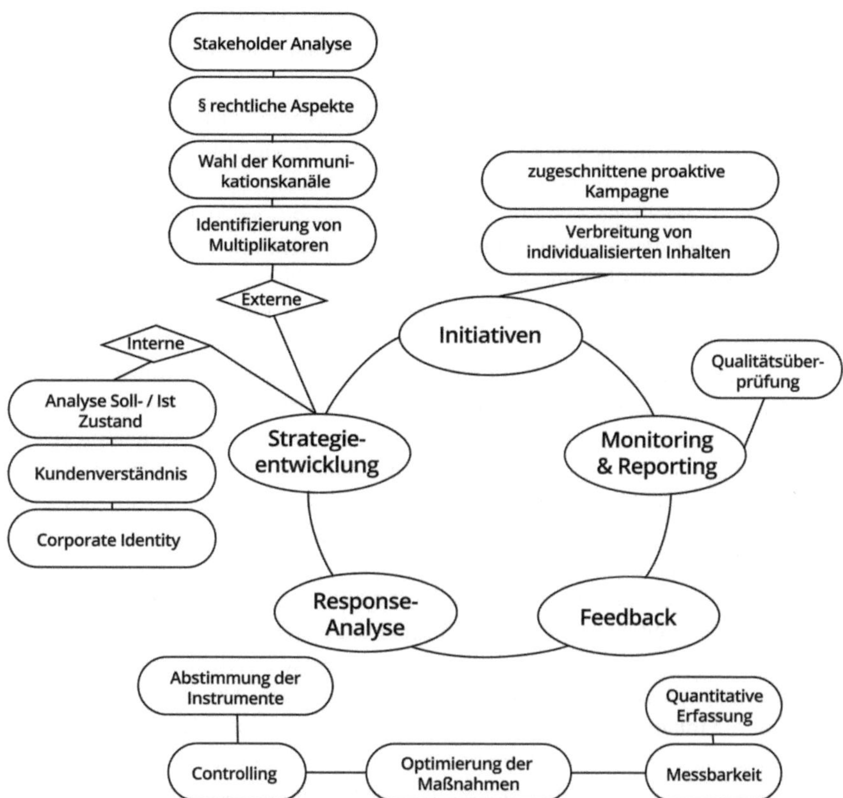

Abb. 1.2 Prozess des Reputationsmanagements. (Quelle: Runge und Ternès 2014)

Analyse

Strukturiertes Vorgehen garantiert Nachvollziehbarkeit. Nur so kann Qualitätsmanagement gelingen, das auf langfristigen Erfolg und ständige Optimierung ausgelegt ist.

Grundlegender erster Schritt für gelungenes Reputationsmanagement ist daher regelmäßig eine genaue Analyse, um den Status quo festzustellen. Wo steht das Unternehmen, und wo will es hin?

Hierzu müssen sowohl interne wie auch externe Aspekte betrachtet und beachtet werden. In externer Hinsicht sind alle relevanten Stakeholder mit ihren Erwartungen zu identifizieren. Was erwartet der Kunde, was ist gesellschaftlich erwünscht? Geeignete Kommunikationskanäle und Instrumente sind dementsprechend zu wählen. Die Identifikation und der geschickte Einsatz von Multiplikatoren können dabei helfen, die Durchschlagskraft getroffener Maßnahmen zu erhöhen. Auch die interne Ausgangssituation ist gezielt zu berücksichtigen, um den Weg vom Ist- zum Soll-Zustand konkret beschreiben zu können. Stimmen inneres und äußeres Bild des Unternehmens überein? Gibt es reputationsrelevante Unstimmigkeiten? Welches Bild hat das Unternehmen von seinen Kunden? Inwiefern beeinflusst die Corporate Identity die wahrgenommene Reputation? Wichtig ist auch, wie das Unternehmen im Internet repräsentiert ist. Hier geht es insbesondere um Betrachtungen zur sozialen und funktionalen Reputation eines Unternehmens, die direkt auf die wahrgenommene Qualität von Produkten oder Dienstleistungen wirken und somit von zentraler Wichtigkeit für die Wahrnehmung des Unternehmens durch Dritte sind.

Die Analyse bildet die Basis für eine systematische Vorgehensweise. Wird dieser Schritt ausgelassen, kann ein Prozess zwar kurzfristig erfolgreich sein, möglicherweise aber nicht mehr nachvollziehbar und damit nicht nachhaltig. Denn ist der Status quo nicht festgehalten worden, können auch die besten getroffenen Maßnahmen kaum als Grundlage für weitere Optimierungen dienen. Sie schweben losgelöst im Raum, für sich genommen zwar durchaus effektiv, aber ohne Einbindung in das Gesamtgefüge.

Die Analyse sollte immer einer möglichst einheitlichen Vorgehensweise folgen, um Vergleichbarkeit zu schaffen und Optimierungen leicht vornehmen zu können. Dabei ist es hilfreich, auf vorgegebene Instrumente und Bereiche zurückzugreifen, die man nur aktivieren respektive mit Input füllen muss. Auf diese Weise ist der Blick auf die Inhalte fokussiert und es fällt leichter, den Überblick zu behalten.

Wichtig ist, den Inhalten in zuvor festgelegten Kategorien zu folgen. Kategorien sind die verschiedenen Bereiche, in denen Reputationsmanagement aktuell stattfinden kann. Welche Kategorien konkret in Frage kommen, ist u. a. von den Aktivitäten eines Unternehmens, dessen Größe, seinem finanziellem Spielraum und seiner Organisation abhängig.

Mittel der Analyse

Bei der Analyse kann man mit bewährten Instrumenten wie der SWOT-Analyse, der Balanced Scorecard oder der speziell auf Krisen ausgerichteten Crisis Management Balanced Scorecard sowie mit den vier oder fünf Ps, den drei generischen Wettbewerbsstrategien oder dem Fünf-Kräfte-Modell nach Michael E. Porter arbeiten. Auf diese Weise erarbeitet man Kategorien, die die Grundlage für die weitere Vorgehensweise bilden und in der Folge als Prüfgröße für Evaluation und Controlling dienen.

Zu nennen sind hier beispielsweise Printwerbung in Fachmagazinen, messebegleitende Veranstaltungen und Informationsbroschüren für Fachbesucher, Pressekonferenzen oder auch der Facebook-Auftritt eines Unternehmens.

Strategie

Auf Basis der Ergebnisse der Analyse werden sodann Strategien entwickelt, die sowohl die Ausgangssituation als inhaltlichen Startpunkt als auch den prozessualen Beginn der Aktivitäten betrachten. Eine Strategie sollte immer allgemein verständlich sein, da sie von vielen schnell und ohne Erklärung verstanden werden muss. Sie sollte einfach und konkret sein, um bestmögliche Anwendbarkeit zu garantieren. Auch die Ressourcen eines Unternehmens müssen zur Strategieentwicklung mit in den Fokus genommen werden. Die Strategien sollten ebenso wie die Analyse einen ganzheitlichen Ansatz verfolgen und die interne wie auch externe Reputation betrachten. Intern spielt nicht zuletzt auch die nachhaltige Überzeugung der für das Unternehmen wichtigen Mitarbeiter eine Rolle. Gelingt es, diese zu überzeugen, dass sie bei dem für sie richtigen Unternehmen arbeiten, so werden im Idealfall aus Mitarbeitern engagierte Botschafter für das eigene Unternehmen, die ihre Begeisterung in Social-Media-Kanälen und Internetplattformen nach außen tragen.

Operative Vorgehensweise

Sobald die Gesamtstrategie festgelegt ist, gilt es, diese in operative Vorgehensweisen umzusetzen. Dazu müssen Inhalte erstellt, offline und online passende Plattformen gefunden, passende Kanäle ausfindig gemacht, Prozesse definiert, die Rechtslage geprüft sowie Multiplikatoren definiert und angesprochen werden. Auch finanzielle, personelle, organisatorische und zeitliche Ressourcen eines Unternehmens dürfen dabei nicht außer Acht gelassen werden. Diese sind teilweise unabhängig voneinander, teilweise bedingen sie sich. Eine rechtliche und objektive Prüfung ist unerlässlich, um Verfahrensfehler zu vermeiden, nicht angreifbar zu werden und eine qualifizierte Meinung von außen zu haben, die Zusammenhänge oft klarer beurteilen kann.

Bei der Umsetzung der Strategie ist unbedingt auf umfassende Stimmigkeit zu achten. Alle Stakeholder sollten emotional eingebunden sein. Reputation basiert auf Glaubwürdigkeit und Vertrauen. Reine Sachlichkeit erschwert zudem eine starke Bindung. Die kommunikativen Maßnahmen müssen sowohl die Erwartungen der Stakeholder erfüllen als auch die Corporate Identity widerspiegeln, damit sich ein schlüssiges Bild ergibt, das Transparenz und somit letztlich Vertrauen ermöglicht. Unstimmigkeiten in diesem Bereich werden sensibel wahrgenommen und können den Erfolg der Maßnahmen nachhaltig beeinträchtigen. Stakeholder sollten möglichst Multiplikatoren sein, die als solche die Reputation eines Unternehmens deutlich stärken können. Ähnlich wie beim Empfehlungsmarketing hören Kunden in Zeiten eines nachfrageorientierten Marketings und austauschbarer Produkte vermehrt auf andere Kunden. Die Passgenauigkeit der Zielgruppe ist für ein effektives Reputationsmanagement so entscheidend wie für jede Marketingaktivität. Im

Gegensatz dazu liegt hier der Fokus allerdings immer auf der Wirkung für das Unternehmen insgesamt.

Die Umsetzung der vorab definierten Punkte lässt sich im Sinne des Flussdiagramms auch als Aussäen bezeichnen. Dieses erfolgt im Rahmen einer konzertierten Planung. Sofern mehrere Personen oder verschiedene Abteilungen eines Unternehmens an der Umsetzung beteiligt sind, ist es überaus wichtig, das Zusammenspiel der einzelnen Bereiche und Personen im Vorfeld klar zu definieren und abzustimmen sowie Verantwortungsbereiche klar abzustecken, um Überschneidungen zu vermeiden, Informationen zeitnah austauschen zu können und Schnittmengen produktiv zu verwalten.

Monitoring & Reporting

Um passende Kanäle und Methoden zu finden, sind Monitoring- und Reportingprozesse unabdingbar. Diese fungieren als ein Controlling und Qualitätscheck, der dazu dient, das Reputationsmanagement in seiner Effektivität messbar zu machen und zukünftige Planungen auf der Basis der gemachten Erfahrung zielgerichtet optimieren zu können. Im Idealfall sollte es auch bereits die vorangegangenen Planungsschritte begleitet haben, um aus jedem Schritt ein Optimum an Erkenntnisgewinn ziehen zu können. Wer diese Prozesse initiiert und steuert, hängt von der Struktur des Unternehmens, aber auch von den Plattformen, Kanälen, Prozessen und Multiplikatoren ab. Qualitätssicherung kann auf der Grundlage verschiedener Methoden erfolgen. Darunter fallen qualitative und quantitative Umfragen, Interviews und Auswertungen, z. B. von Balanced Scorecards.

Monitoring & Reporting im Anschluss an Kampagnen ist deshalb so enorm wichtig, um die Qualität der verbreiteten Inhalte zu prüfen und deren Wirkung qualitativ zu analysieren. Insbesondere Darstellungen und Äußerungen im Internet sind konstant und durchgängig im Auge zu behalten. Eine professionelle Responseanalyse und Feedback sind unabdingbare Prozessbestandteile, um die Wirksamkeit und Reichweite der gewählten Instrumente zu messen und Veränderungen der Fremdwahrnehmung nachvollziehen zu können.

Wie bereits eingangs dargestellt, handelt es sich bei Reputation um ein abstraktes Konstrukt, das nur schwer mess- und erfassbar ist. Umso wichtiger ist es, das Konstrukt im Controlling mit Blick auf unternehmensspezifische Merkmale und Charakteristika zu operationalisieren, um Maßnahmen zu optimieren und Reputationseffekte wertorientiert nachvollziehen zu können. Klare Botschaften sind dabei unerlässlich. Akzeptanz und organisationales Commitment können nur gefördert werden, wenn aufgezeigt wird, welchen konkreten wertschöpfenden Nutzen Reputation bildet. Mit diesen Ergebnissen wiederum können sich Führungskräfte

Abb. 1.3 Die zehn goldenen Regeln für erfolgreiches Reputationsmanagement. (Quelle: Runge und Ternès 2014)

1. Strukturiertes Vorgehen
2. Klare, einfache und konkrete Strategie
3. Emotionale Einbindung aller Stakeholder
4. Rechtliche und objektive Prüfung
5. Organisation von Multiplikatoren
6. Klare Botschaften
7. Nutzung von passenden Kanälen und Methoden
8. Andauernder Prozess
9. Qualitätssicherung
10. Passgenauigkeit der Zielgruppe

und Mitarbeiter identifizieren, die ihre positive Einstellung zum Unternehmen auf Kunden und potenzielle neue Mitarbeiter übertragen können.

Die beste Reputationsmanagementstrategie ist wertlos, wenn sie nicht von allen Beteiligten gelebt und effektiv in der Organisationsstruktur verankert wird. Umso entscheidender ist es, bereits zu Beginn der Maßnahmen Entscheidungsträger und Mitarbeiter für dieses erfolgskritische Thema zu sensibilisieren.

Entscheidend ist zudem, während des gesamten Prozesses die zehn goldenen Regeln für erfolgreiches Reputationsmanagement zu befolgen (Abb. 1.3):

Gutes Reputationsmanagement erfordert einzelne, perfekt aufeinander abgestimmte Schritte, die sich gegenseitig perfekt ergänzen – zum Aufbau, zur Erhaltung und zur Verbesserung einer positiven Unternehmensreputation.

Eine externe Strategieberatung kann dabei helfen, diese Schritte korrekt und effizient umzusetzen, indem sie das nötige Know-how sowie objektiven Input, neue Lösungsansätze und frische Ideen in das Unternehmen bringt. Dann steht dem guten Ruf nichts mehr im Wege.

Literatur

Bauer, M. (2011). Wir sind Einzelfall. www.wir-sind-einzelfall.de. Zugegriffen: 25. Juli. 2014.

BITKOM Bundesverband Informationswirtschaft, Telekommunikation und neue Medien e. V. (Hrsg.). (2012). Social Media in deutschen Unternehmen. Online-Beitrag auf bitkom.org. http://www.bitkom.org/files/documents/Social_Media_in_deutschen_Unternehmen.pdf. Zugegriffen: 9. Okt. 2014.

Bughin, J., Chai, M., & Miller, A. (2009). How companies are benefitting from Web 2.0. McKinsey global survey results. McKinsey Quarterly, September 2009. http://www.mckinsey.com/insights/business_technology/how_companies_are_benefiting_from_web_20_mckinsey_global_survey_results. Zugegriffen: 25. Juli. 2014.

Burkhardt, R. (2008). *Reputation Management in Small and Medium-sized Enterprises. Analysis and evaluation of the use of reputation management. A survey of small and medium-sized enterprises in Germany*. Hamburg: Diplomica-Verlag.

Employer Branding- der Weg zur Arbeitgebermarke. Als IT-Arbeitgeber attraktiver und wettbewerbsfähiger werden – ein Leitfaden für die betriebliche Praxis. Fassung vom 14. April 2007. Deutsche Employer Branding Akademie (DEBA). (2006). http://www.employerbranding.org/. Zugegriffen: 25. Juli. 2014.

Fombrun, C. (2001). Corporate reputation – Its measurement and management. *Thexis, 18*, 23–26.

Fombrun, C., & Shanley, M. (1990). What's in a name? Reputation and corporate strategy. *Academy of Management Journal, 33*, 233–258.

Hall, R. (1992). The strategic analysis of intangible resources. *Strategic Management Journal, 2*, 10–17.

IBM Studie: Soziale Netzwerke beeinflussen mehr als die Hälfte der Käufer bei Ihrer Entscheidung – sogar im Ladengeschäft. (2011). Online Beitrag auf ibm.com, Newsroom, 6.9.2011. https://www-03.ibm.com/press/de/de/pressrelease/35352.wss. Zugegriffen: 24. Juli. 2014.

Media Entrepreneurs Day. (2012). Axel Springer, 2012. http://www.media-entrepreneurs.de/#data. Zugegriffen: 23. Juli. 2014.

Nielsen, K. (2013). Nachhaltigkeit in Unternehmen: Außer vielen Spesen nix gewesen. Wirtschaftswoche Green. http://green.wiwo.de/nachhaltigkeit-in-unternehmen-ausser-vielen-spesen-nix-gewesen/. Zugegriffen: 17. Feb. 2015.

Petersen, R. (2012). 26 social media secrets Skittles knows. BarnRaisers, 20.8.2012. http://barnraisersllc.com/2012/08/26-social-media-secrets-skittles/. Zugegriffen: 25. Juli. 2014.

Risk Management. A Driver of Enterprise Value in the Emerging Environment. (2011). Online Beitrag auf kpmg.com, 2011. http://www.kpmg.com/IN/en/IssuesAndInsights/ThoughtLeadership/KPMG_Risk_Management_Survey_2011_1.pdf. Zugegriffen: 24. Juli. 2014.

Runge, Ch., & Ternès, A. (2014). Reputationsmarketing. In A. Ternès & I. Towers (Hrsg.), *Internationale Trends in der Markenkommunikation: Was Globalisierung, neue Medien und Nachhaltigkeit erfordern* (S. 59–70). Wiesbaden: Gabler.

Schürmann, P. (2006). Mehrwert dank geschärften Sinnen. *Bilanz, 12*, 51 ff.

Schwalbach, J. (2000). Image, Reputation und Unternehmenswert. In B. Bearns & J. Raupp (Hrsg.), *Information und Kommunikation in Europa* (S. 285–294). Berlin: Vistas Verlag.

Zollondz, A. (2012). Vodafone: Shitstorm auf Facebook durch Kundin. Klage über Kundenservice. Netzwelt, 2.8.2012. http://www.netzwelt.de/news/93220-vodafone-shitstorm-facebook-kundin.html. Zugegriffen: 25. Juli. 2014.

State oft the Art des Reputationsmanagements für Manager und Führungskräfte

2

Jeder Mitarbeiter ist zugleich auch Botschafter seines Unternehmens. Wunderbar, wenn der Mitarbeiter sich im Netz so verhält, dass jedes Unternehmen stolz auf ihn sein kann. Die private Nutzung von Social-Media-Foren kann sich aber durchaus auch negativ auf den Arbeitgeber auswirken. Nicht nur anzügliche oder peinliche Partyfotos können ein schlechtes Licht sowohl auf Mitarbeiter wie auch auf Arbeitgeber werfen. Es ist durchaus möglich, dass ein Arbeitgeber für rechtlich relevante Handlungen seiner Mitarbeiter in dessen privatem Social Media Account haftbar gemacht wird. Das Landgericht Freiburg (LG Freiburg, Urteil vom 04.11.2013 – 12 O 83/13) entschied Ende 2013 im Fall eines Autoverkäufers: Der als Verkäufer tätige Mitarbeiter eines Autohauses hatte auf seiner privaten Facebook-Seite unter Hinweis auf seine dienstliche Telefonnummer für den Kauf von Kraftfahrzeugen bei dem namentlich benannten Autohaus geworben. Das Gericht stellte eine Haftung des Autohauses für den Wettbewerbsverstoß des Mitarbeiters nach § 8 Abs. 2 UWG fest, obwohl dieses keinerlei Kenntnis von der Handlung seines Mitarbeiters hatte.

Wenn Einträge in privaten Foren schon beim normalen Mitarbeiter unvorhersehbare Folgen haben können, wie viel mehr muss dann derjenige Acht geben, der Verantwortung auf höherer Ebene trägt? Keine Frage: Jeder Mensch hat ein Recht auf Privatleben. Auch ein Top-Manager. In Zeiten von Social Media, wo sich Webinhalte in Sekundenschnelle verbreiten und auf unabsehbare Zeit im Netz kursieren, kann Privates jedoch schnell geschäftlich werden – und die Reputation nachhaltig schädigen. Mischen sich geschäftliche und private Inhalte, so kann dies zudem schnell inkompetent wirken. Eine Lösung kann hier z. B. sein, eine professionelle Facebook-Seite statt eines einfachen Profils zu wählen. Gut verlinkt mit Profilen in anderen Social-Media-Foren kann hierdurch eine große Wirkung erzielt werden. Hinzu kommen die Möglichkeit einer statistischen Auswertung und die gezielte Bewerbung der Seite. Professionell bietet sich hier ein großes Potenzial,

A. Ternès, C. Runge, *Reputationsmanagement*, essentials,
DOI 10.1007/978-3-658-10307-1_2

das ausgeschöpft werden will. Gedanken über den gezielten Einsatz seiner Online-Präsenz sollte sich jeder machen, der eine verantwortungsvolle Position in einem Unternehmen bekleidet. Aus Gründen der gekonnten Selbstdarstellung und des geschickten Reputationsmanagements, aber nicht zuletzt auch, um für das Unternehmen möglichst qualifizierte Mitarbeiter anzuwerben.

Bei einer 2012 von der Unternehmensberatung LAB & Company durchgeführten Befragung von 817 deutschen Führungskräften (LAB Lachner Aden Beyer & Company 2012), von denen 64 % aus den obersten beiden Hierarchieebenen stammten und 69 % mehr als 100.000 € im Jahr verdienten, war das Business-Netzwerk „Xing" mit 72 % die am häufigsten genutzte Internetplattform für berufliche Themen, gefolgt von „LinkedIn" mit 40 % und Facebook mit 12 %. Lediglich 19 % der Befragten gaben an, im beruflichen Kontext überhaupt nicht im Internet aktiv zu sein. Im privaten Bereich ergab sich ein leicht anderes Bild. Hier war „Xing" mit 52 % führend, gefolgt von Facebook mit 32 % und „LinkedIn" mit 21 %. 27 % gaben an, im privaten Bereich gar nicht online aktiv zu sein. Auffallend war, dass Nachrichtendienste wie „Twitter" mit 3 % Nutzung in allen Bereichen noch gar nicht im geschäftlichen und privaten Alltag der meisten Führungskräfte angekommen zu sein scheinen. Auch für Recruiting-Zwecke wird die Plattform „Xing" führend mit 52 % genutzt, gefolgt von „LinkedIn" mit 24 % und Facebook mit 17 %. 34 % der Unternehmen nutzen jedoch nach Angaben der befragten Manager das Internet überhaupt nicht für das Recruiting von Mitarbeitern. „Wir beobachten die sozialen Medien intensiv. Beim Recruiting von Top-Führungskräften sind sie aber noch von untergeordneter Bedeutung" (LAB Lachner Aden Beyer & Company 2012), sagt Frank Beyer, geschäftsführender Gesellschafter von LAB & Company. „Hier kommt es weiterhin vor allem auf exzellente persönliche Kontakte, Diskretion, Vertrauen und Erfahrung an" (LAB Lachner Aden Beyer & Company 2012). Für die Besetzung von Positionen im unteren und mittleren Management würden die sozialen Medien in Zukunft jedoch eine immer stärkere Rolle einnehmen, so Beyer (LAB Lachner Aden Beyer & Company 2012). Das Institute for Competitive Recruiting (ICR) aus Heidelberg stellt in seinem „Social Media Recruiting Report 2013" (Brickwedde 2013) einen ähnlichen Trend fest. Die 654 Teilnehmer der Studie aus allen Wirtschaftszweigen sind in ihrem Hierarchielevel breit gefächert, stammen jedoch fast ausschließlich aus dem Personal- und Recruitingbereich.

Das Ergebnis der Befragung zeigt klar: Unternehmen haben große Schwierigkeiten, die besten Kandidaten für freie Stellen zu finden und einzustellen (Abb. 2.1).

40,5 % der Befragten gaben an, deutliche Schwierigkeiten bei der Besetzung freier Stellen zu haben, 46,8 % räumten leichte Schwierigkeiten ein, 7,8 % sogar große Schwierigkeiten. Leidglich 4,8 % der Befragten gaben an, keinerlei Schwierigkeiten bei der Personalbeschaffung zu haben. Eine auf statista.com

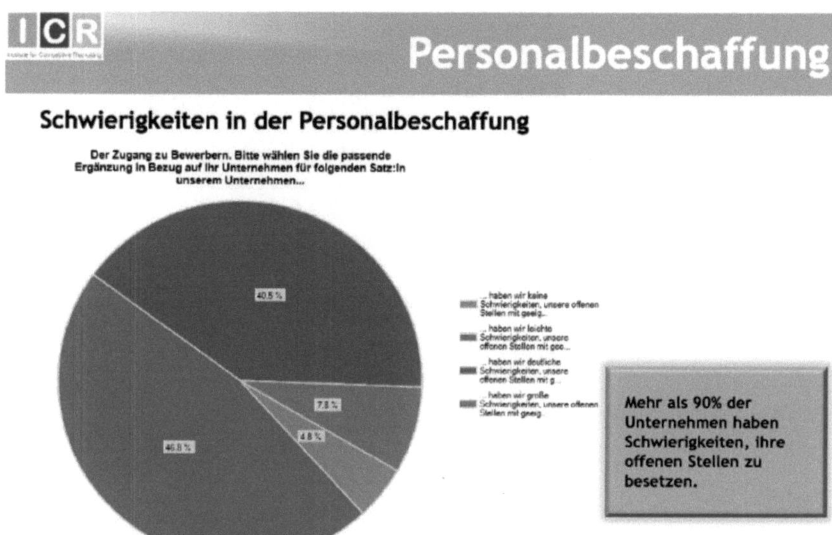

Abb. 2.1 Schwierigkeiten in der Personalbeschaffung. (Quelle: Brickwedde 2013)

veröffentlichte aktuelle Umfrage (Abb. 2.2) zeigt, dass sich auch Bewerber eine Kommunikation offener Stellen in sozialen Netzwerken wünschen.

Auf diese Stimmen der Bewerber sollte jeder hören, der an guten Mitarbeitern interessiert ist. Denn es ist heute mitnichten so, dass sich Unternehmen ihre Mitarbeiter aussuchen können. „**War for Talents**" wird der zunehmende Konkurrenzdruck von Unternehmen im Kampf um junge Nachwuchs-Talente auch genannt. Die Schwierigkeit, nach dem Studium einen Job zu finden, nimmt bei gut ausgebildeten Absolventen mit guten Studienabschlüssen ab, während sich der Druck für die Personaler erhöht, geeignete Mitarbeiter für freie Stellen zu finden. Hochqualifizierte Mitarbeiter sind zu einem knappen Gut geworden. Umso wichtiger also, potenzielle Mitarbeiter dort anzusprechen, wo sie selbst aktiv sind. Denn wer es schafft, die besten Mitarbeiter für sein Team zu gewinnen, wird langfristig auch die besseren Arbeitsergebnisse vorweisen – und damit auch seine eigene Karriere voranbringen.

Ein Beispiel dafür, wie man es besser nicht machen sollte, liefert ein Motivations-Video von Ernst & Young aus dem Jahr 2001 (Ernst & Young, 2006) (Abb. 2.3).

„Oh happy day" singt eine perfekt geschminkte Chanteuse im schwarzen Minikleid. Neben ihr: eine Jazzkapelle. Im Hintergrund: begeistert klatschende und

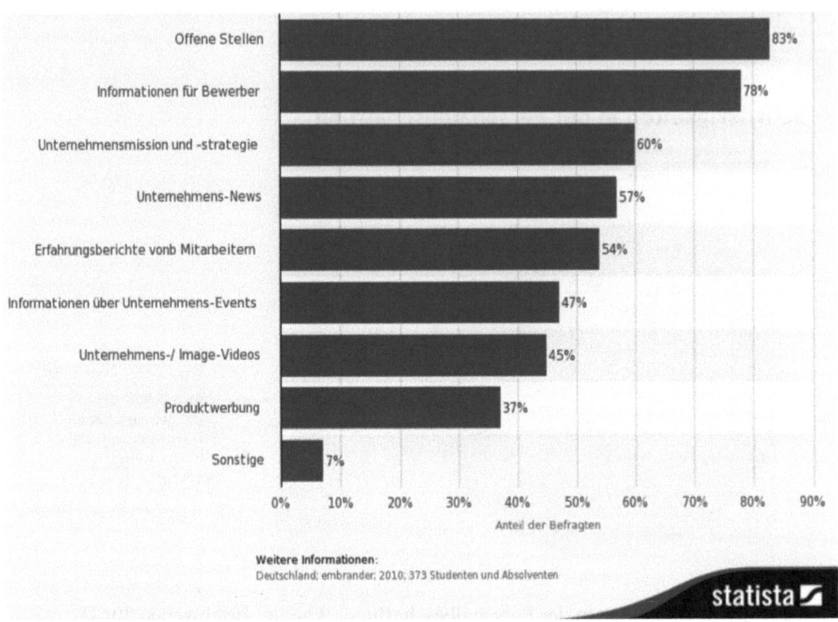

Abb. 2.2 Welche Inhalte sollten Unternehmen über soziale Netzwerke kommunizieren? (Quelle: embrander 2010)

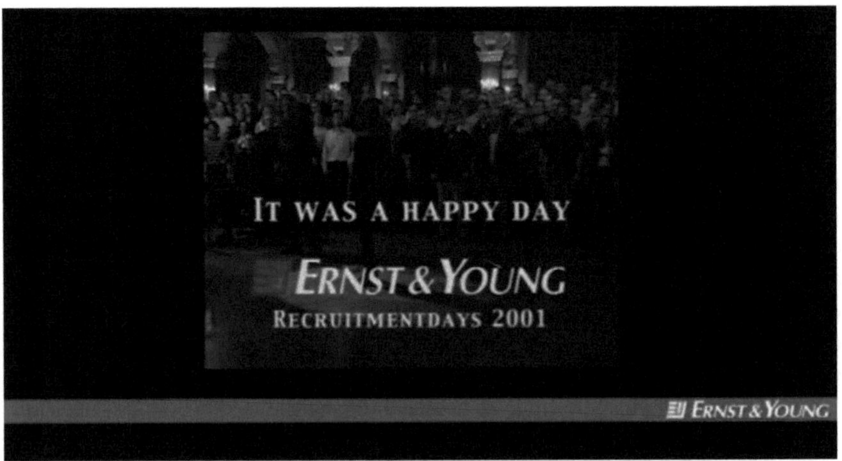

Abb. 2.3 Video „It was a Happy Day", Recruitmentdays 2001. (Quelle: Ernst & Young, 2006)

zur eingängigen Gospel-Musik wippende Mitarbeiter des Wirtschaftsprüfungsunternehmens. Eingängig auch der Text zur Melodie: „Oh happy day when Jesus washed my sins away“, heißt es im Original. „Oh happy day when Ernst & Young showed me a better way“, trällert die begeisterte Mitarbeiter-Crowd. Eine Recruiting-Sünde, die sich nur schwer „wegwaschen“ lassen dürfte. Ein früherer Mitarbeiter meint dazu: „Ich hielt es für einen schlechten Scherz, aber das ist ernst gemeint. Später lernte ich Protagonisten aus dem Video persönlich kennen. Denen ist bis heute der Auftritt sehr peinlich“ (Kaufmann 2012).

Gute Mitarbeiter zu finden und von sich zu überzeugen, ist schwer genug – wie aber stellt man sicher, dass diese so zufrieden mit ihrem Job sind, dass sie dem Unternehmen die Treue halten? Sicher, gute Bezahlung ist sicherlich eine gute Voraussetzung. Aber ist Geld wirklich alles? Materielle Aspekte wie gute Bezahlung oder Firmenwagen bieten zwar wichtige Anreize, für eine dauerhafte Bindung und Motivation dürfen jedoch Aspekte wie Arbeitszeiten, betriebsinternes Informationssystem, Kommunikation, Unternehmenskultur sowie Personal-Management nicht außer Acht gelassen werden. Führungskräfte, die ihre Mitarbeiter nicht nach ihrer Meinung fragen oder zu wenig mit ihnen kooperieren, riskieren viel. Sie setzen nicht nur die fachliche Kompetenz der Crew aufs Spiel, sondern auch deren Kreativität und Einsatzbereitschaft (Sammet 2009).

Blogautor Christian Mueller gibt auf karrierebibel.de folgende Tipps (Mueller 2013):

1. Machen Sie Ihren Mitarbeitern die **Kontaktaufnahme** so einfach wie möglich.
2. Nehmen Sie sich für **Fragen und Anliegen** Ihrer Mitarbeiter Zeit.
3. Hören Sie sich auch **unkonventionelle Ideen und Vorschläge** an.
4. **Begründen** Sie, warum Vorschläge nicht umgesetzt werden (können).
5. Suchen Sie regelmäßig den **Kontakt zu Ihren Mitarbeitern** und machen Sie deutlich, dass es Ihnen um Feedback, nicht um Kontrolle geht.
6. **Loben** Sie Mitarbeiter öffentlich für Ideen, die zu spürbaren Verbesserungen führen.
7. Achten Sie jedoch darauf, dass dieses Lob **nicht nach einer Sonderbehandlung** aussieht.
8. **Informieren** Sie Ihre Mitarbeiter rechtzeitig und umfassend über Veränderungen und Neuerungen.
9. Öffnen Sie sich Argumenten und seien Sie bereit, **Ihren eigenen Standpunkt** aufzugeben oder anzupassen.

10. **Vertreten** Sie gemeinsam getroffene Entscheidung aktiv gegenüber Ihren Vorgesetzten.
11. Gestehen Sie **Fehler** ein und lernen Sie daraus.
12. Setzen Sie sich im Unternehmen **aktiv und sichtbar** für Ihre Abteilung und die Bedürfnisse Ihrer Mitarbeiter ein.
13. Nutzen Sie **Jahres- oder Mitarbeitergespräche** auch dazu, sich Feedback zu Ihrem Führungsstil geben zu lassen.
14. Schaffen Sie **Freiräume und Flexibilität**, beispielsweise durch Homeoffice-Angebote und Gleitzeit-Modelle.
15. Stellen Sie sicher, dass alle Mitarbeiter über den Sinn und das Ziel des aktuellen Projekts informiert sind.
16. Machen Sie Ihren Mitarbeitern deutlich, welche **Verantwortung jeder Einzelne** für das Gelingen des Projekts trägt.
17. Belohnen Sie **gute Leistung** durch Prämien oder Freizeitausgleich.
18. Schaffen Sie dementsprechend **(Vergütungs-)Modelle,** die Leistung fördern.
19. Beziehen Sie Ihre Mitarbeiter aktiv in die **Gestaltung von Betriebs- oder Abteilungsausflügen** ein.
20. Fragen Sie auch bei der **Planung und Gestaltung von Weiterbildungen** das Feedback und die Vorschläge Ihrer Mitarbeiter ab.
21. Geben Sie **Lob von Kunden und Geschäftspartnern** auch an Ihre Mitarbeiter weiter.
22. **Bedanken** Sie sich – in passenden Situationen – für die erbrachte Leistung.
23. Stellen Sie sich bei Fehlern schützend vor Ihr Team und **übernehmen Sie Verantwortung.**
24. Seien Sie sich Ihrer **fachlichen Grenzen und Kompetenz** bewusst und holen Sie sich immer wieder gezielt den Rat Ihrer Fachkräfte ein.
25. Übertragen Sie Ihren Mitarbeitern **echte Verantwortung** und setzen Sie Vertrauen in ihre Fähigkeiten.

Eine sofort einleuchtende und umfassende Liste. Aber wie gelingt es, diese Punkte im stressigen Berufsalltag auch wirklich umzusetzen?

Unengagierte, illoyale Mitarbeiter sind die größten Umsatzvernichter eines Unternehmens. Sie hemmen dessen Innovationsfähigkeit, das organische Wachstum und die betrieblichen Zukunfts-Chancen. Denn (chronisch) unzufriedene Mitarbeiter sind nicht nur öfter krank, sondern vor allem auch destruktiv. Die auf diese Weise entstehenden Produktivitätseinbußen schätzt man auf 20 Prozent und mehr. Und weil

> solche Mitarbeiter durch ihr ständiges Gejammer einen Negativ-Strudel in ihrem Umfeld erzeugen, sinkt die Produktivität der Kollegen, die dies erdulden müssen, um geschätzte zehn Prozent. Das alles ist schon schlimm genug. Schlimmer noch ist, wenn Mitarbeiter draußen schlecht über die Firma reden und so Vertrauens- und damit schließlich Kundenschwund auslösen. (Schüller 2010)

Um ihrem Unmut Luft zu machen, stehen unzufriedenen Mitarbeitern heute einschlägige Online-Bewertungsplattformen wie Kununu (Abb. 2.4) oder Jobvoting zur Verfügung, auf denen sie anonyme Bewertungen ihres Arbeitgebers abgeben können. So werden sie zu negativen Multiplikatoren, die nicht nur Kunden abschrecken, sondern vor allem auch das Anwerben guter Mitarbeiter erheblich erschweren können.

Deutliche Worte findet beispielsweise ein ehemaliger Mitarbeiter der irischen Bekleidungskette Primark Anfang 2013 auf kununu.com für seinen Arbeitgeber:

> Primark kennt nur einen Führungsstil der heißt Druck, Druck, Druck. Gespräche werden in einer Art und Weise geführt, welche schon an Beleidigung grenzt, einfache Aspekte wie Wertschätzung, Respekt und Kooperation gibt es nicht, die jeweils über einem stehenden sagen was zu tun ist, ohne auf den direkten Untergebenen zu achten. Dieses beginnt beim Management und zieht sich weiter bis zu den Mitarbeitern, welche letztlich das schwächste Glied sind und die Konsequenzen tragen müssen. Kompetenz und Respekt spielen keine Rolle. Es ist einfach beschämend, wie dieses Unternehmen seine Mitarbeiter behandelt. (Primark, der Wahnsinn und das Chaos hat einen Namen 2013)

Abb. 2.4 Homepage Bewertungsplattform Kununu. (Quelle: kununu.de 2015)

Wer möchte schon so etwas über sein Unternehmen lesen? Hier gilt es, aktiv vorzubauen, um die Zufriedenheit der Mitarbeiter zu steigern und derart schlechte Bewertungen erst gar nicht in den Bereich des Möglichen rücken zu lassen. Der ehemalige Primark-Mitarbeiter hat einen eindeutigen Verbesserungsvorschlag: „Respektiert und wertschätzt eure Mitarbeiter, sonst sind sie nicht mehr lange da" (Primark, der Wahnsinn und das Chaos hat einen Namen 2013).

Ein wichtiger Punkt für die Mitarbeiterzufriedenheit ist die Kommunikation innerhalb des Betriebes. Stimmt diese, so kann Kritik proaktiv aufgenommen und auf diese reagiert werden, bevor sie in soziale Kanäle wie Kununu oder Facebook gelangt.

Der Hamburger Versandhändler Otto hat für seine Unternehmensgruppe eine vorbildliche Form des Intranets geschaffen, die eine gelungene interne Kommunikation fördert und den Austausch über Abteilungs- und Hierarchieebenen ermöglicht. Der Konzern besteht aus 123 Gesellschaften, die alle bewusst eigenständig agieren (Kallus 2014). Die Versandhändler Heine, Baur und Schwab und das Retro-Kaufhaus Manufactum, Bonprix, Alba Moda und der Hermes Versand sind nur einige von ihnen. Dies macht eine funktionierende interne Kommunikation elementar wichtig. „Es ist maßgeblich für uns, [...] Wissen gruppenweit zugänglich zu machen", erläutert Thilo Bendler, Vice President des Fachbereichs Knowledge Management (Kallus 2014). Der firmeneigene Blog ottogroupunterwegs.com komplettiert den Online-Auftritt auch nach außen hin (Abb. 2.5).

„Das Wissensmanagement funktioniert nur, wenn sich das nahtlos in die normale Arbeit einfügt und die Mitarbeiter ihre Arbeit nicht doppelt erledigen müssen", erläutert Christoph Möltgen, Chief Transformation Officer der Otto Group. „Man kann den Leuten nicht sagen: Jetzt stellt ihr die Dokumente noch einmal ein und verschickt neben E-Mails auch noch Chats" (Kallus 2014)

Die Otto Group konnte immerhin die Hälfte ihrer 25.000 kaufmännischen Mitarbeiter für ihr ottogroupnet gewinnen. Aber für die Otto Group war das noch zu wenig (Kallus 2014). Ende 2014 wurde das Intranet daher einem kompletten Relaunch unterzogen.

Die Startseite, „Mysite" genannt, bündelt für den Nutzer alle relevanten Inhalte, insbesondere jene Informationen, die für die Nutzer auch tatsächlich wichtig sind. Neben aktuellen Meldungen aus dem Konzern erhält der Nutzer etwa Auskunft über die Aktivitäten von Kollegen. Statt klassischer E-Mails lassen sich ähnlich wie in sozialen Netzwerken Feeds an die Kollegen verschicken.

Ein persönlicher Speicherplatz, die direkte Online-Bearbeitung von Office-Dokumenten und das vereinfachte Teilen von Dateien und interessanten Informationen sind weitere Faktoren, die den unternehmensinternen Austausch schneller und einfacher machen. In mehr als 1500 sogenannten Teamräumen arbeiten die

Abb. 2.5 Beitrag „Wissen als wirtschaftlicher Erfolgsfaktor" auf ottogroupunterwegs.com. (Quelle: Dieckmann 2014)

Mitarbeiter inzwischen gemeinsam an Projekten, gestalten die abteilungsinterne Zusammenarbeit und teilen ihr Wissen (Bendler 2014).

> Auch die Chefetage soll über das ottogroupnet kommunizieren und arbeiten. Es wird auf allen Ebenen eingesetzt, weil eine einfache und schnelle Kommunikation für jeden Mitarbeiter der Otto Group wichtig ist. Meine Zukunftsvision: Wenn die Mitarbeiter morgens statt Outlook ihre ‚Mysite' auf dem ottogroupnet aufrufen, haben wir gewonnen. (Dieckmann 2014)

Innovative Ideen von Mitarbeitern sinnvoll zu nutzen, trägt nicht nur dazu bei, dass sich Mitarbeiter wertgeschätzt fühlen. Es profitiert vor allen Dingen der Arbeitgeber (Ilg 2013). Führungskräfte sollten das Ideenpotenzial der Mitarbeiter einfordern und nutzen, sagt Christoph Gutknecht, Leiter des Ideen- und Innovationsmanagements am Deutschen Institut für Betriebswirtschaft. Die Vorgesetzten sollten ihre Mitarbeiter motivieren, über den eigenen Zuständigkeitsbereich hinauszudenken. „Psychologisch ein sehr gutes Führungsinstrument, um systematisch Ideen zu generieren", so Gutknecht (Ilg 2013).

Auch die Luxus-Hotelkette Ritz-Carlton hat erkannt, dass erstklassige Qualität exzellenten Service voraussetzt. Hierfür bedarf es hoch motivierter Mitarbeiter. Ritz-Carlton zahlt seinen Angestellten nur unwesentlich höhere Löhne als die Konkurrenz, und die Arbeitszeiten sind auch nicht besser als bei der Konkurrenz. Wie also gelingt es dem Unternehmen, hochqualifizierte Mitarbeiter zu gewinnen und auch zu halten?

In erster Linie befolgt das Unternehmen den unerbetenen Rat, den die Textilkette Primark von seinem ehemaligen Mitarbeiter auf kununu.com erhalten hat: Die Mitarbeiter werden mit Respekt und Wertschätzung behandelt. „We are ladies and gentlemen serving ladies and gentlemen" steht auf einem kreditkartengroßen Stück Papier, das jeder Mitarbeiter in der Innentasche seiner Uniform mit sich herumträgt Jeder Mitarbeiter soll der perfekte Gastgeber sein. Er soll diese Rolle leben und nicht nur spielen (König Kollege 2004). Schon bei dem von Ritz-Carlton angewandten Auswahlverfahren wird in erster Linie nicht auf die fachliche Qualifikation geschaut, sondern darauf, ob ein Bewerber von seiner Persönlichkeit her zu der zu besetzenden Stelle passt. Die Mitarbeiter bei Ritz-Carlton dürfen nicht nur eigenverantwortlich handeln – dies wird vielmehr von ihnen erwartet. Jeder Mitarbeiter soll die eigentliche Arbeitszeit unterbrechen, um sich der Bedürfnisse des Gasts sofort anzunehmen. Jedes Zimmermädchen darf ohne Rücksprache mit dem Chef Übernachtungen spendieren, jede Bedienung den Gast zum Essen einladen, wenn sie es für angemessen hält. 2000 € stehen zur Verfügung, um Missgeschicke auszubügeln oder auch nur vermeintliche Fehler zu korrigieren. Und ganz wichtig: Der Chef steht hinter diesen Entscheidungen (König Kollege 2004). Dabei müsse sich niemand vor dem Chef rechtfertigen, so Oliver Eller, Direktor des Ritz-Carlton in der Autostadt Wolfsburg. Selbst wenn die Vorgesetzten mit einer Entscheidung nicht einverstanden sein sollten: „Im Zweifel würden wir den Mitarbeiter noch einmal schulen, um ihm seinen Ermessensspielraum zu verdeutlichen. Aber er würde niemals Druck bekommen. Und Angst haben müssen, eine falsche Entscheidung zu treffen. Im Gegenteil: Ich muss die Leute eher dazu anhalten, ein wenig freigebiger zu sein" (König Kollege 2004). Zur Erläuterung der Firmenphilosophie beschreibt Eller folgenden Vorfall:

Beispiel

‚In letzter Minute haben wir kürzlich einen Gast zum Bahnhof gebracht, er musste mit dem ICE nach Düsseldorf. Den Zug hat er gerade noch erreicht, doch in der Hektik hatten wir einen Koffer mit wichtigen Unterlagen vergessen', erzählt Eller und fügt entschuldigend hinzu, dass so ein Fehler eben auch in einem Luxushotel passieren könne. Doch in einer Welt des Luxus definiert sich Qualität am Ende nicht durch kleine Details wie die beheizten Spiegel im

> Badezimmer, die niemals beschlagen, sondern durch Service. Und so gab der Hotel-Chauffeur Bescheid, dass er nun leider für einige Stunden unterwegs sei. Er setzte sich ins schnellste verfügbare Auto, fuhr nach Düsseldorf, kam dort sogar noch vor dem Zug an – und wartete mit dem Koffer des Gastes am Bahnsteig. (König Kollege 2004)

Die Erfahrungswerte mit diesem Modell der Eigenständigkeit sind durchweg positiv. Die Kompetenz der Mitarbeiter wird gestärkt. Entscheidungen können schnell getroffen werden. Die Mitarbeiter werden ernst genommen, darum nehmen sie auch ihre Aufgabe ernst.

Eine Führungskraft, die es versteht, diesen Ansatz im beruflichen Kontext umzusetzen, ist klar im Vorteil und wird von der Umwelt positiv wahrgenommen. Ein kompetenter Partner an der Seite kann dabei behilflich sein, eine gute Reputation aufzubauen – und dazu beitragen, dass dies auch so bleibt.

Literatur

Bendler, Th. (2014). Social Network statt Mailsflut. In: ottogroupunterwegs.com, 31.10.2014. http://www.ottogroupunterwegs.com/blog/blog/posts/ottogroupnet_Relaunch.php. Zugegriffen: 21. Jan. 2015.

Brickwedde, W. (2013). Social Media Recruiting Report 2013. Institute for Competitive Recruiting (ICR). competitiverecruiting.de, 2013. http://www.competitiverecruiting.de/resources/Social+Media+Recruiting+Report+2013+.pdf. Zugegriffen: 21. Jan. 2015.

Dieckmann, J. (2014). Wissen als wirtschaftlicher Erfolgsfaktor. ottogroupunterwegs.com, 25.8.2014. http://www.ottogroupunterwegs.com/blog/blog/posts/Wissen-als-wirtschaftlicher-Erfolgsfaktor.php. Zugegriffen: 21. Jan. 2015.

embrander. (2010). Welche Inhalte sollten Unternehmen über soziale Netzwerke kommunizieren? Statista, statista.com. http://de.statista.com/statistik/daten/studie/209195/umfrage/geforderte-social-media-inhalte-von-unternehmen-durch-bewerber/. Zugegriffen: 21. Jan. 2015

Ernst & Young. (2006). „Oh happy day!". youtube.com, Account Denise Fezza Beall. https://www.youtube.com/watch?v=MaIq9o1H1yo&feature=youtube_gdata_player. Zugegriffen: 20. Jan. 2015.

Ilg, P. (2013). Ideenmanagement. In den Köpfen der Mitarbeiter schlummern Milliarden. Zeit Online, 20.11.2013. http://www.zeit.de/karriere/beruf/2013-11/ideenmanagement-mitarbeiter-unternehmen. Zugegriffen: 21. Jan. 2015.

Kallus, M. (2014). Die Social-Intranet-Erfahrungen der Otto Group. cio.de, 8.10.2014. http://www.cio.de/a/die-social-intranet-erfahrungen-der-otto-group,2972128. Zugegriffen: 20. Jan. 2015.

Kaufmann, M. (2012). Peinliche Recruiting-Videos. Die Parade des Schreckens. In: KarriereSpiegel, 9.7.2012. http://www.spiegel.de/karriere/berufsstart/peinliche-recruiting-videos-wie-sich-firmen-im-internet-blamieren-a-841093.html. Zugegriffen: 20. Jan. 2015.

König Kollege. (2004). Brand Eins, Ausgabe 08/0, 15.3.2004. http://www.brandeins.de/wissen/mck-wissen/menschen/koenig-kollege/. Zugegriffen: 20. Jan. 2015.
kununu.de. (2015). Screenshot vom 21.01.2015. http://www.kununu.com/. Zugegriffen: 21. Jan. 2015.
LAB Lachner Aden Beyer & Company. (2012). 26. LAB Managerpanel. 81 der deutschen Manager nutzen Social Media für den Beruf. Labcompany.net, 12.6.2012. http://www.labcompany.net/de/press/releases/2012/144/. Zugegriffen: 20. Jan. 2015.
Landgericht Freiburg (Urteil vom 04.11.2013 – 12 O 83/13). http://www.webshoprecht.de/IRUrteile/Rspr2036.php. Zugegriffen: 18. Jan. 2015.
Mueller, Ch. (2013). Mitarbeiterloyalität steigern. 25 Tipps für Chefs. karrierebibel.de, 10.6.2013. http://karrierebibel.de/mitarbeiterloyalitat-steigern-25-tipps-fur-chefs/. Zugegriffen: 20.Jan. 2015.
Primark, der Wahnsinn und das Chaos hat einen Namen. (2013). kununu.com, 23.01.2013. http://www.kununu.com/de/all/de/tb/primark-mode-ltd-co/a/SkFhVlh0. Zugegriffen: 21. Jan. 2015.
Sammet, St. (2009). Chef sein kann man lernen. Focus Money Online, 28.7.2009. http://www.focus.de/finanzen/karriere/management/tid-15000/fuehrungsstil-chef-sein-kann-man-lernen-gut-sein-allein-ist-viel-zu-wenig_aid_420974.html. Zugegriffen: 21. Jan. 2015.
Schüller, A. M. (2010). Mitarbeiterloyalität. Wie man sie erhält und wie sie Unternehmen erfolgreich macht. In: gemanspeakers.org, 2010. http://www.germanspeakers.org/tl_files/articles/Anne-M.-Schueller-Mitarbeiterloyalitaet-Wie-man-sie-erhaelt-und-wie-sie-Unternehmen-erfolgreich-macht-.pdf. Zugegriffen: 21.Jan. 2015.

Beispiele für Reputationsmanagement 3

3.1 Steve Jobs

Die Geschichte von Steve Jobs und Apple ist eine Geschichte voll unerwarteter Wendungen mit extremen Höhen und extremen Tiefen, die mit der Firmengründung 1976 beginnt und über den Tod von Jobs im Jahr 2011 hinaus bis zum heutigen Tag hin andauert. Legendär sind die Apple Jahresversammlungen, auf denen die neuesten Produkte von Jahr zu Jahr mit größerer Spannung erwartet wurden. 1984 stellte Apple den Macintosh vor (Abb. 3.1).

Es war der erste kommerziell erfolgreiche Computer mit einer grafischen Benutzeroberfläche und einer Maus als Standardeingabemedium. 1985 verließ Jobs nach einem internen Machtkampf mit dem 1983 von Pepsi angeworbenen Geschäftsführer John Sculley die Firma.

1986 gründete Jobs das Computerunternehmen NeXT und erwarb parallel die Computergrafikabteilung von Lucasfilm, die unter dem Namen Pixar weitergeführt wurde (Pixar History 1986–2015) und 1995 mit „Toy Story" ihren ersten Erfolg feierte. 1996, nachdem Apple an seinem neuen Betriebssystem gescheitert war, wandte sich die Firma an NeXT Computer und damit an Steve Jobs (Isaacson 2012, S. 358), und die NeXTSTEP Plattform bildete die Grundlage für Mac OS X (Live after Steve Jobs: What to Expect from the Next Generation at Apple 2011). Jobs kehrte als Berater zu Apple zurück und übernahm die Leitung der Firma als Interim CEO (iCEO). Bis 1998 schaffte es Jobs, Apple vom Beinahe-Bankrott in die schwarzen Zahlen zu bringen (ZEE 2010). Er verantwortete die Entwicklung von iMac, iTunes, iPod, iPhone und iPad. Die Produktbezeichnungen mit vorangestelltem i sind auf die Rolle als Interims CEO zurückzuführen (Steve Jobs. 15 Dinge, die Sie über den Apple Chef nicht wussten 2014). Zwar verkündete Jobs in seiner Keynote-Rede in der MacWorld in San Francisco am 5. Januar 2000, dass er das „i" fallen lassen wolle und er nach zweieinhalb Jahren als iCEO nun als

A. Ternès, C. Runge, *Reputationsmanagement,* essentials,
DOI 10.1007/978-3-658-10307-1_3

Abb. 3.1 Erster Macintosh Computer. (Quelle: Dernbach o. J.)

„richtiger" CEO von Apple fungieren wolle (Medien im Wandel 2011). Die Produktbezeichnungen wurden dennoch beibehalten.

Der Erfolg dieser Produkte machte Apple 2011 zum wertvollsten öffentlich gehandelten Unternehmen der Welt (Bilton 2011). Die Neuerfindung von Apple wird vielfach als die größte Leistung der Wirtschaftsgeschichte angesehen (Hiltzig 2011). 2003 wurde bei Jobs ein Pankreas-Tumor diagnostiziert. Nach einer Operation 2004 und einer Transplantation 2009 verschlechterte sich Jobs Gesundheitszustand zusehends (Bloomberg News 2011). Im August 2011 trat er von seinem Posten als CEO zurück und erlag am 5. Oktober 2011 seinem Krebsleiden (Pitzke 2011).

„Getting fired from Apple was the best thing that could have ever happened to me. The heaviness of being successful was replaced by the lightness of being a beginner again, less sure about everything. It freed me to enter one of the most creative periods of my life", sagte Jobs über seinen unfreiwilligen Abgang von Apple 1985 (Jobs 2005). Und tatsächlich scheint es so, als hätte Jobs die Zeit abseits von Apple genutzt, um seine Energien und Ideen proaktiv zu kanalisieren und Apple entgegen jeder Vorhersage auf die Siegerstraße zu bringen.

„There are lots of examples where not the best product wins. Windows would be one of those [...]" (Originalzitat Steve Jobs, Levy 2004). Tatsächlich sah es in den 1990er Jahren ganz so aus, als würde Apple ein Nischenprodukt für Design-Freaks bleiben oder gar das Schicksal von Video2000 erleiden und ganz vom Markt verschwinden. Wer kennt sie nicht, die ein oder zwei hartgesottenen Apple Macintosh User im Studien-Semester, die sich wegen eines defekten Druckers mitten in der Nacht mit einer Floppy Disk in der Tasche mit Muttis Kleinwagen nach Hamburg, Köln oder München aufmachen mussten, um ein Computerfachgeschäft zu finden, das über das nötige technische Equipment verfügte, um ihre Hausarbeit auszudrucken. Aus heutiger Sicht unvorstellbar – und damals doch Realität.

Wäre Steve Jobs nicht zurückgekehrt – es wäre höchst unwahrscheinlich, dass Apple zu dem geworden wäre, was es heute ist. Davon schien auch Jobs selbst auszugehen: „The reason I went back to Apple is that I feel like the world would be a better place with Apple in it than not. And it's hard to imagine the world without Apple now“ (Waters 2010).

Soweit es Steve Jobs betreffe, gebe es den „guten Steve“ und den „bösen Steve“, sagt der Biograf Walter Isaacson, Autor der im Oktober 2011 erschienenen Jobs Biografie „Steve Jobs“ (Isaacson 2012). Seine „Mammut-Persönlichkeit“ könne die Menschen um ihn herum ebenso inspirieren wie in den Abgrund ziehen, so Isaacson (Love 2011). Beispiele für den „bösen Steve“ gibt es zuhauf. Als Jobs nach dem Kauf von Pixar Einsparungen machen musste, feuerte er Mitarbeiter fristlos, ohne ihnen Übergangsgeld zu zahlen. Pamela Kerwin, eine langjährige Pixar-Mitarbeiterin, setzte sich dafür ein, dass die gekündigten Mitarbeiter zumindest zwei Wochen Kündigungsfrist erhielten. „Okay“, soll Jobs geantwortet haben, „aber die Frist beginnt heute für zwei Wochen rückwirkend“ (Love 2011).

Während seiner Zeit bei Atari bediente sich Jobs der Hilfe seines Freundes Wozniak bei einem Job, der einen großen Bonus beinhaltete, und log über die fragliche Summe, um den Löwenanteil des Geldes für sich selbst zu behalten (Love 2011). Einer der ersten Mitarbeiter von Apple, Daniel Kottke, zudem ein langjähriger Freund von Jobs, erhielt niemals Apple-Aktien. Rod Holt, zu diesem Zeitpunkt Vice President of Engineering bei Apple, konfrontierte Jobs mit dieser Tatsache: „Was immer Du ihm gibst, ich halte mit!“ „Okay“, soll Jobs geantwortet haben, „ich gebe ihm gar nichts“ (Love 2011). Isaacsons Biografie berichtet von einem für den fraglichen Kandidaten äußerst unangenehmen Vorstellungsgespräch: „Wie alt waren Sie, als Sie Ihre Unschuld verloren?“, soll Jobs den Kandidaten gefragt haben. „Was haben Sie gesagt?“, habe der verwirrte Bewerber gefragt. „Sind Sie noch Jungfrau?“, bohrte Jobs weiter. Der Kandidat saß nervös da, und Jobs änderte das Thema. „Wie oft haben Sie LSD genommen?“, wollte er wissen. „Der arme Kerl wurde knallrot, und ich versuchte, das Thema zu wechseln, indem ich eine klare technische Frage stellte“, erinnert sich ein ebenfalls anwesender Apple-Mitarbeiter. Als der Bewerber daraufhin eintönig herumstammelte, fiel Jobs ihm ins Wort: „Gobble, gobble, gobble, gobble“, worauf der Bewerber mit den Worten:

„Ich glaube, ich bin nicht der Richtige für den Job“, den Raum verließ (Love 2011). Ein Alptraum – und überhaupt nicht das, was man von einem charismatischen Ästhetiker wie Jobs erwarten würde. Ähnlich rüde ging Jobs 2008 mit dem Leiter des MobileMe Projektes um, das bei der Einführung mit großen technischen Problemen zu kämpfen hatte und von der Presse verrissen wurde. Jobs versammelte das gesamte the MobileMe Team im Apple Auditorium und fragte: „Kann mir irgendjemand sagen, was MobileMe tun soll?“ Als das Team antwortete, fiel Jobs ins Wort: „Warum zum Teufel macht es das dann nicht???“, und feuerte noch vor Ort den Teamchef (Love 2011). Biograf Isaacson fragte Jobs besten Freund Jony Ive, wo dieses barsche Verhalten herrühre.

> I once asked him why he gets so mad about stuff. He said: ‚But I don't stay mad.‘ He has this very childish ability to get really worked up about something, and it doesn't stay with him at all. But, there are other times, I think honestly, when he's very frustrated, and his way to achieve catharsis is to hurt somebody. And I think he feels he has a liberty and license to do that. The normal rules of social engagement, he feels, don't apply to him. Because of how very sensitive he is, he knows exactly how to efficiently and effectively hurt someone. And he does do that. (Love 2011)

Apple-Mitbegründer Steve Wozniak bestätigt dieses Bild:

> Some of my very best friends in Apple, the most creative people in Apple who worked on the Macintosh, almost all of them said they would never, ever work for Steve Jobs again. It was that bad. (Siegal 2014)

Selbst Jobs Ehefrau Laurene Jobs Powell wird damit zitiert, ihr Ehemann sei jemand, dem „die Fähigkeit fehlte, sich in andere hineinzuversetzen“ (Zahn 2013). Als „world-class asshole“ wird Jobs in dem The-Atlantic-Beitrag bezeichnet. Der Autor zitiert zudem Biograf Isaacson: „Apple's founder and CEO could be a cruel and nasty guy. He was also the greatest chief executive of our time. Don't go thinking those two things are related.“ Und weiter: „(Jobs) was not the world's greatest manager. In fact, he could have been one of the world's worst managers“ (McNichol 2011). Was er jedoch stattdessen wurde, war eine IT-Ikone, die über den Tod hinaus Kult-Status besitzt und die auch heute noch, mehr als drei Jahre nach Jobs Krebstod, als seine Art posthumes Vermächtnis die Geschicke von Apple leitet. Die Verehrung geht so weit, dass 2013 sogar beschlossen wurde, sein Elternhaus nahe San Francisco unter Denkmalschutz zu stellen (Apple-Kult: Elternhaus von Steve Jobs kommt unter Denkmalschutz 2013). Am besten kann vielleicht Jobs selbst dieses Phänomen erklären:

> My job is to not be easy on people. My job is to make them better. My job is to pull things together from different parts of the company and clear the ways and get the

> resources for the key projects. And to take these great people we have and to push them and make them even better, coming up with more aggressive visions of how it could be. (Steve Jobs speaks out 2008)

Vielleicht ist es neben der Mischung aus großem Ego und Detailverliebtheit aber auch einfach die überzeugt gelebte Liebe zu seinen Produkten, die Jobs zu dem gemacht habt, was er noch über seinen Tod hinaus ist:

> I think back to Detroit in the seventies, when cars were so bad. Why? The people running the companies then didn't love cars. One of the things wrong with the PC industry today is that most of the people running the companies don't love PCs. Does Steve Ballmer love PCs? Does Craig Barrett love PCs? Does Michael Dell love PCs? If Michael Dell wasn't selling PCs he'd be selling something else. These people don't love what they create. And people here do. (Originalzitat Steve Jobs, Levy 2006)

In einem seiner ersten Interviews 1984 (Abb. 3.2), wenige Monate nach der Präsentation des ersten Mac, sagte der damals 29-jährige Jobs in einem Newsweek-

Abb. 3.2 Sonderausgabe der Newsweek Herbst 1984 mit Jobs auf dem Titel. (Quelle: Zito 1984)

Interview: „I'm just a guy who probably should have been a semi-talented poet on the Left Bank. I sort of got sidetracked here" (Zito 1984). Wenn eines sicher am Wirken von Steve Jobs ist, dann sicherlich, dass dies nicht stimmt.

3.2 Steve Ballmer

„Get on your Feet" dröhnt aus den Lautsprechern im Auditorium. Ein leicht untersetzter Hüne mit Glatze betritt die Bühne – oder vielmehr: Er springt. Unkontrolliertes Jubelgebrüll, geballte Fäuste, wilde Rennerei von einer Seite zur anderen. Die Arme werden in die Höhe gerissen, er hüpft hin und her wie eine Mischung aus sterbendem Schwan und hyperaktivem Rehkitz. „Get up and take some action!" singt Gloria Estefan aus den Lautsprechern. „Come on, get UUUUPPPP!!!!", brüllt der Mann auf der Bühne den Zuschauern zu. „Comeooonnn!!!! Yeahhh!!!" Ganze 45 s dauert dieser Auftritt, dann steht der Mann am Rednerpult, völlig außer Atem und nach Luft ringend. „I have four words for you: I. Love. This. Company. YEEEESSS!!!" (Pliouchtchai 2013) (Abb. 3.3).

„Alles in Ordnung?" möchte man ihn fragen? Was hat der Mann bloß genommen? Geht es ihm gut? Der Mann ist Steve Ballmer, der Anlass für seinen Auftritt eine Mitarbeiterversammlung von Microsoft. Und nur ein Beispiel von vielen für Ballmers eigenwillige Art der Selbstdarstellung. Wann immer Ballmer in der Öffentlichkeit auftritt, egal aus welchem Anlass: Er wirkt wie ein auf Hamster auf Speed.

Abb. 3.3 Steve Ballmer flippt aus. (Quelle: Pliouchtchai 2013)

Als Sohn eines Schweizer Ford-Managers und einer Russin wuchs der 1956 geborene Ballmer nahe Detroit auf. In den 70er Jahren studierte er in Harvard, wo er Bill Gates kennenlernte. 1977 schloss er sein Studium mit einem magna cum laude BA in Angewandter Mathematik und Ökonomie ab. Im Anschluss arbeitete er zwei Jahre lang für Procter & Gamble. Ein MBA-Programm in Stanford brach er trotz zweier gewonnener 10.000-US-Dollar-Preise als bester Erstjahresstudent ab, als Bill Gates ihm anbot, für Microsoft zu arbeiten (Andrews 1998). Am 11. Juni 1980 wurde er Microsofts erster Manager. Als aus Microsoft 1981 eine Aktiengesellschaft wurde, hielt Ballmer aufgrund einer Bonusvereinbarung 8 % des Kapitals. 1993 waren seine Aktienanteile erstmals über eine Milliarde US-Dollar wert (Andrews 1998). Aktuell wird sein privates Vermögen vom „Forbes Magazine“ auf 22,5 Mrd. US-Dollar geschätzt (Forbes 400 2015). Im Laufe der Jahre leitete Ballmer mehrere Bereiche bei Microsoft, unter anderem die Bereiche Betriebssystementwicklung sowie Absatz und Kundenservice, bevor er 1998 Präsident wurde. Am 13. Januar 2000 trat er die Nachfolge von Bill Gates als CEO von Microsoft an.

Am 23. August 2013 gab Microsoft in einer Pressemitteilung bekannt, dass sich Steve Ballmer binnen zwölf Monaten als CEO des Unternehmens zurückziehen werde (Microsoft News Center 2013). Am 4. Februar 2014 wurde der in Indien geborene US-Informatiker Satya Nadella, zuvor Executive Vice-President für Cloud-Services, zum neuen CEO ernannt. Ballmer wurde daraufhin Mitglied des Aufsichtsrats von Microsoft, verließ diesen Posten allerdings am 19. August 2014 auf eigenen Wunsch (Stephan 2014). Seine Abschiedsrede zeigt deutlich, dass ihm dieser Schritt nicht leichtgefallen ist:

> I bleed Microsoft—have for 34 years and I always will. I continue to love discussing the company's future. I love trying new products and sending feedback. I love reading about what is going on at the company. Count on me to keep ideas and inputs flowing. The company will move to higher heights. I will be proud, and I will benefit through my share ownership. I promise to support and encourage boldness by management in my role as a shareholder in any way I can. (Originalzitat Steve Ballmer; Wilhelm 2014)

Wohl der Grund für Ballmers Abgang: Am 12. August 2014 kaufte Ballmer für den angeblichen Rekordpreis von zwei Milliarden US-Dollar (rund 1,49 Mrd. €) den Basketballverein Los Angeles Clippers (Clippers-Verkauf perfekt. Steve Ballmer übernimmt NBA-Skandalclub 2014).

Bei seiner Antrittsrede gab sich Ballmer gewohnt über-enthusiastisch. Zu „Lose Yourself“ von US-Rapper Eminem lief der neue Club-Boss wild gestikulierend durch die tobende Menge, klatschte einige der 4500 erschienenen Fans ab und begann danach mit seiner Ansprache: „Nichts stellt sich uns in den Weg. Boom. Wir werden Hardcore sein. Hardcore. Hardcore. Wir sind die Hardcore-Clippers!“,

Abb. 3.4 Steve Ballmer tanzt gewohnt ausgelassen zu Fergie. (Quelle: NBAshowtimeHD 2014)

rief Ballmer der tobenden Menge zu (Ballmers Antritt als Clipper-Boss: „Wir werden Hardcore sein, Hardcore, Hardcore, Hardcore" 2014). Auch während eines Auftritts von Black-Eyed-Peas-Sängerin Fergie anlässlich eines NBA Spiels seiner Mannschaft Anfang Januar 2015 zeigte Ballmer sich gewohnt extrovertiert (Abb. 3.4).

Unbestritten ist Ballmers berühmt-berüchtigtes cholerisches Temperament nicht jedermanns Sache. Seine unberechenbare Natur brachte ihm zwar einerseits Kultstatus bei vielen Fans ein – letztlich jedoch schadete sie dem kriselnden Konzern. Legendär ist folgende Episode: Mark Lucovsky, als Software-Ingenieur einer der Miterfinder des Betriebssystems Windows und einer der stillen Stars bei Microsoft, kehrte dem Konzern 2005 nach 16 Jahren den Rücken und wechselte zu Google (Pitzke 2013). Der damalige Vorstandsvorsitzende Ballmer nahm die Kündigung mit der für ihn typischen Rage auf. Er habe einen Stuhl quer durch sein Büro geschleudert und eine Schimpftirade auf den damaligen Google-Chef Eric Schmidt losgelassen: „Ich werde diesen Kerl begraben!", habe Ballmer gebrüllt. „Ich werde Google verdammt noch mal killen!" (Pitzke 2013). „Völlig übertrieben" sei diese Darstellung laut Ballmer (Pitzke 2013). Aber selbst wenn dem so wäre: Sie wird ihm wohl ewig nachhängen. Sein Ruf legt schlicht nahe, dass sich der Sachverhalt exakt so zugetragen hat.

Wenn er die vergangenen zehn Jahre noch einmal wiederholen könnte, würde er in seiner Rolle als Microsoft-Chef vieles anders machen, sagte Ballmer bei einer Podiumsdiskussion an der Said Business School im britischen Oxford (Lorenzen 2013). Insbesondere seinen geschäftlichen Ansatz im Smartphone-Segment sieht der Manager heute differenziert. Insbesondere seine Reaktion auf das iPhone sieht er heute kritisch. „500 Dollar? Das ist das teuerste Telefon der Welt. Und es spricht nicht einmal Geschäftskunden an, weil es keine Tastatur hat", äußerte er unter lautem Lachen in einem Interview (Duivestein 2011). Das iPhone werde sich nicht gut verkaufen, niemals. Davon war er damals überzeugt. Microsoft habe seine ganz eigene Strategie mit eigener Windows-Software, die erheblich mehr Erfolg verspreche (Duivestein 2011). Ein fataler Irrtum, wie heute jeder weiß. Rückblickend bezeichnet Ballmer 2013 jedoch nicht seinen iPhone-Irrtum, sondern das Betriebssystem Windows Vista als seinen größten Fehler (jss 2013).

Wegen seiner eigenwilligen, extrovertierten Auftritte sei Ballmer in erster Linie als „rah-rah guy" wahrgenommen worden – dabei sei er in Wahrheit einer der großen Denker hinter den Kulissen, sagt Ann Winblad, erfolgreiche Private-Equity-Unternehmerin und enge Freundin von Bill Gates (Andrews 1998). „Er ist womöglich der beste Stratege in der gesamten Software Industrie", so Winblad 1998 (Andrews 1998). In der Tat gelang es Ballmer während seiner Zeit in Harvard, Bill Gates im renommierten Putnam-Mathematik-Wettbewerb zu schlagen. Ihm wird zudem ein einzigartiges Talent zugeschrieben, Namen und Gesichter zu erinnern (Andrews 1998). Was die Menschen zumeist an dem „bärenhaften Kerl" nicht wahrnähmen, sei seine Feinfühligkeit, sagt Jeff Raikes, langjähriger Freund von Ballmer und Microsoft-Mitarbeiter: „Es ist schwer zu verstehen für Menschen, die ihn nur aus der Entfernung sehen, aber wenn er merkt, dass er die Gefühle von jemandem verletzt hat, dann gibt es niemanden, der sich mehr Gedanken darüber macht als Steve Ballmer", so Raikes (Andrews 1998). Nicht nur extrem intelligent also, sondern offenbar auch mit überdurchschnittlichen sozialen Fähigkeiten ausgestattet – wie konnte ausgerechnet so jemand als Bad Guy der Szene enden, auf dem alle herumhacken? Während bei der Apple-Konkurrenz Steve Jobs an vielen Stellen eben diejenige Menschlichkeit und Wärme vermissen ließ, die Ballmer laut seinen Mitarbeitern als Menschen auszeichnete – und dafür nicht etwa gehasst, sondern in den IT-Olymp gehoben wurde? Was ist hier falsch gelaufen? Der Schlüssel liegt wohl in der öffentlichen Wahrnehmung – in eben jenem Kontrast zwischen Ballmers bei jeder sich bietenden Gelegenheit zur Schau gestellten extrovertierten Lautheit und seiner eher introvertierten Sensitivität und Intelligenz. Im Gegensatz zu Jobs schaffte Ballmer es nicht, seine Persönlichkeit positiv herauszustellen.

> Er hat einen großartigen Job für das Wachstum von Microsoft gemacht. Dennoch meckern die Leute über Steve Ballmer. (Dvorak 2013)

Gründe hierfür, so Dvorak, gebe es viele. Er führt eine Liste von zehn Gründen für das öffentliche Ballmer-Bashing an (Dvorak 2013). Unter anderem nennt er die Arroganz von Microsoft. Ballmer sehe in jedem kleinen Projekt eine Bedrohung für Microsoft und mache das jeweilige Produkt schlecht. 2001 bezeichnete er beispielsweise das Konkurrenzprodukt Linux als ein „Krebsgeschwür, das in Bezug auf geistiges Eigentum alles befällt, was es berührt" (ju 2001). Eine kleine Firma wie Linux könnte niemals ernsthaft mit Microsoft konkurrieren. Trotzdem beleidigt Ballmer sie unnötigerweise. Das komme nicht gut an. Auch ein von Ballmer unterstütztes Mitarbeiter-Ranking nennt Dvorak als Grund für dessen Unbeliebtheit. Ballmer behielt eine eigentlich nur für eine Übergangszeit gedachte Mitarbeiter-Rangliste über Jahre hinweg strikt bei. Ein Twitter-Follower wird wie folgt zitiert: „Ballmers geliebtes Mitarbeiter-Ranking-System machte mich zynisch, verschlossen und paranoid." Dies, so Dvorak, sorgt für schlechtes Feedback im System: „Bad karma" (Dvorak 2013). Hinzu kämen der Kauf von vielversprechenden Unternehmen, die dann doch wieder abgestoßen würden, ohne Rücksicht auf die Auswirkungen für die betroffene Firma, das Unvermögen, Ideen zu implementieren, die von außerhalb des Unternehmens kämen, sowie das „Stehlen" von Patenten und Ideen. Noch während einer Phase der Zusammenarbeit installierte Ballmer auf der US-Computermesse COMDEX heimlich per Floppy Disc Malware auf einem IBM Computer, um zu zeigen, dass das OS/2-System von IBM nicht absturzsicher war. Ein zugegebenermaßen raffinierter Trick, der Ballmers Ruf jedoch enorm geschadet habe (Dvorak 2013).

Vor allem jedoch dürfte das unprofessionelle Verhalten Ballmers auf der Bühne den Ausschlag für seine angeschlagene Reputation gegeben haben. Wie ein Verrückter über die Bühne zu rennen, ist nicht unbedingt hilfreich, wenn man als würdevoller, vertrauenswürdiger CEO wahrgenommen werden will, den die Mitarbeiter unterstützen wollen. Jeder, der die Videos von Ballmers Auftritten gesehen hat, weiß, wovon die Rede ist. Wie wenig professionell wirken diese Auftritte im Vergleich zum überlegten, sachlichen und wohlorchestrierten Auftreten eines Steve Jobs? Mag sein, dass andere CEOs hier vom Peinlichkeitsfaktor mithalten könnten. Nur: Deren Auftritte werden nicht gepostet.

Im Gegensatz zu Bill Gates, der mit seiner Bill & Melinda Gates Stiftung (Abb. 3.5) öffentlichkeitswirksam Millionen für die Gesundheitsversorgung in der Dritten Welt spendet und seinen Kindern zugunsten seiner Stiftung nur einen Bruchteil seines Vermögens vererben will (Großteil des Vermögens für wohltätige Zwecke verwenden. Bill Gates Kinder bekommen nur Almosen-Erbe 2004), tritt Ballmer nicht öffentlich als Wohltäter in Erscheinung.

Gut möglich, dass auch Steve Ballmer für ehrenhafte Zwecke spendet. Dies heimlich, still und leise zu tun, würde vielleicht für einen bescheidenen Charakter sprechen – im Sinne eines guten Reputationsmanagements wäre es jedoch wichtig,

Abb. 3.5 Homepage Bill und Melinda Gates Foundation. (Quelle: Bill & Melinda Gates Foundation 2015)

dass solche Dinge auch öffentlich werden. Ballmer hat es schlicht verabsäumt, sich in der Öffentlichkeit positiv zu präsentieren und zu zeigen, was für ein großartiger und fähiger Mensch er ist:

> Worse, there is no list of 10 items showing us what a great guy Ballmer is. We see no pictures of Ballmer fishing with his kids, hugging his wife, launching a boat. All we envision is a maniac on stage shouting, „I love this company!" A rather pathetic legacy indeed. (Dvorak 2013)

Autor Dvorak geht sogar noch weiter: „Ich kann Ihnen mit Sicherheit sagen, dass es Microsoft ohne Ballmer schlechter gehen wird. Das ist ein Fakt" (Dvorak 2013). Sehr gut möglich, dass dies stimmt. Nur: Bei Ballmers zum Großteil selbstverschuldet schlechter Reputation wird es vermutlich niemandem auffallen.

Literatur

Andrews, P. (1998). Microsoft's Heir apparent-Steve Ballmer. The Seattle Times, 25.1.1998. http://community.seattletimes.nwsource.com/archive/?date=19980125&slug=2730718. Zugegriffen: 27. Jan. 2015.

Apple-Kult: Elternhaus von Steve Jobs kommt unter Denkmalschutz. (2013). Spiegel Online, 30.11.2013. http://www.spiegel.de/netzwelt/gadgets/apple-kult-elternhaus-von-steve-jobs-kommt-unter-denkmalschutz-a-930880.html. Zugegriffen: 27. Jan. 2015.

Ballmers Antritt als Clipper-Boss: „Wir werden Hardcore sein, Hardcore, Hardcore, Hardcore". (2014). Spiegel Online, 19.08.2014. http://www.spiegel.de/sport/sonst/clippers-besitzer-ballmer-haelt-irre-antrittsrede-a-986866.html. Zugegriffen: 21. Jan. 2015.

Bill & Melinda Gates Foundation. (2015). Screenshot vom 27.01.2015. http://www.gatesfoundation.org/de. Zugegriffen: 27. Jan. 2015

Bilton, N. (2011). Apple is the most valuable company. the New York Times, 09.08.2011. http://bits.blogs.nytimes.com/2011/08/09/apple-most-valuable-company/?_r=0. Zugegriffen: 27. Jan. 2015.

Bloomberg News. (2011). Apple Chairman Steve Jobs's Health Reports since 2003: Timeline. In: Bloomberg Business, bloomberg.com, 25.08.2011. http://www.bloomberg.com/news/articles/2011-08-25/apple-ceo-jobs-s-health-reports-since-cancer-diagnosis-in-2003-timeline. Zugegriffen: 27. Jan. 2015.

Clippers-Verkauf perfekt. Steve Ballmer übernimmt NBA-Skandalclub. (2014). Spiegel Online, 12.8.2014. http://www.spiegel.de/sport/sonst/nba-los-angeles-clippers-gehen-von-sterling-an-ballmer-a-985791.html. Zugegriffen: 21. Jan. 2015.

Dernbach, C. (o. J.). Timeline: Die Geschichte von Apple (1976–2014). Die Geschichte des Apple Macintosh. http://www.mac-history.de/die-geschichte-des-apple-macintosh. Zugegriffen: 27. Jan. 2015.

Duivestein, S. (2011). Steve Ballmer laughs at the iphone. In: youtube.com, hochgeladen am 6.7.2011. https://www.youtube.com/watch?v=eywi0h_Y5_U. Zugegriffen: 23. Jan. 2015.

Dvorak, J. D. (2013). PCmag.com. 27.08.2013. Why does everybody hate Steve Ballmer. http://www.pcmag.com/article2/0,2817,2423682,00.asp. Zugegriffen: 23. Jan. 2015.

Forbes 400. (2015). Steve Ballmer. Real Time Net Worth. In: forbes.com, 27.01.2015. http://www.forbes.com/profile/steve-ballmer/. Zugegriffen: 27. Jan. 2015.

Großteil des Vermögens für wohltätige Zwecke verwenden. Bill Gates' Kinder bekommen nur Almosen-Erbe. (2004). RP Online, 26.01.2004. http://www.rp-online.de/panorama/ausland/bill-gates-kinder-bekommen-nur-almosen-erbe-aid-1.2070876. Zugegriffen: 27. Jan. 2015.

Hiltzig, M. (2011). Steve Jobs: More than a turnaround artist. In: Los Angeles Times, 5.10.2011. http://articles.latimes.com/2011/oct/05/business/la-fi-jobs-legacy-hiltzik-20111006. Zugegriffen: 27. Jan. 2015.

Isaacson, W. (2012). *Steve Jobs* (1st Simon & Schuster hardcover ed.). New York: Simon and Schuster.

Jobs, St. (2005). You've got to find what you love. Stanford Report, 14.6.2005. http://news.stanford.edu/news/2005/june15/jobs-061505.html. Zugegriffen: 27. Jan. 2015.

Jss. (2013). Ballmer im Interview. Vista war mein größter Fehler. heise online, 24.08.2013. http://www.heise.de/newsticker/meldung/Ballmer-im-Interview-Vista-war-mein-groesster-Fehler-1942191.html. Zugegriffen: 25. Jan. 2015.

Ju. (2001). Microsoft-Chef Ballmer bezeichnet Linux als Krebsgeschwür. Heise Online, 4.6.2001. http://www.heise.de/newsticker/meldung/Microsoft-Chef-Ballmer-bezeichnet-Linux-als-Krebsgeschwuer-38381.html. Zugegriffen: 24. Jan. 2015.

Levy, St. (2004). IPod Nation. newsweek.com, 26.7.2004. http://www.newsweek.com/ipod-nation-130863. Zugegriffen: 27. Jan. 2015.

Levy, St. (2006). The Perfect Thing: How the iPod Shuffles Commerce, Culture, and Coolness. Simon & Schuster Online unter: http://www.amazon.com/gp/product/B000MGATVC/ref=as_li_qf_sp_asin_il_tl?ie=UTF8&tag=allaboustevjo-20&linkCode=as2&camp=1789&creative=9325&creativeASIN=B000MGATVC. Zugegriffen: 27. Jan. 2015.

Live after Steve Jobs: What to Expect from the Next Generation at Apple. (2011). Wharton University of Pennsylvania, knowledge@wharton, 12.10.2011. http://knowledge.wharton.upenn.edu/article/life-after-steve-jobs-what-to-expect-from-the-next-generation-at-apple. Zugegriffen: 27. Jan. 2015.

Lorenzen, M. (2013). Die vielen Fehler des Steve Ballmer. In: Wirtschaftswoche, 05.03.2014. http://www.wiwo.de/technologie/digitale-welt/microsoft-die-vielen-fehler-des-steve-ballmer/9574876.html. Zugegriffen: 26. Jan. 2015.

Love, D. (2011). 16 Examples of Steve Jobs being a huge Jerk. In: Business Insider, 25.10.2011. http://www.businessinsider.com/steve-jobs-jerk-2011-10?op=1&IR=T. Zugegriffen: 27. Jan. 2015.

McNichol, T. (2011). Be a Jerk: The worst business lesson from the Steve Jobs biography. The Atlantic, 28.11.2011. http://www.theatlantic.com/business/archive/2011/11/be-a-jerk-the-worst-business-lesson-from-the-steve-jobs-biography/249136/. Zugegriffen: 27. Jan. 2015.

Medien im Wandel. (2011). MacWorld 2000. Steve Jobs drops the „i" in iCEO. Youtube.com, 16.11.2011. https://www.youtube.com/watch?v=SjlLG1EzJ2k. Zugegriffen: 27. Jan. 2015.

Microsoft News Center. (2013). Microsoft CEO Steve Ballmer to retire within 12 months. microsoft.com, 23.8.2013. http://news.microsoft.com/2013/08/23/microsoft-ceo-steve-ballmer-to-retire-within-12-months/. Zugegriffen: 24. Jan. 2015.

NBAshowtimeHD. (2014). Steve Ballmer wildly dances to Fergie at Staples Center, 7.1.2015, NBA 2014-15 Season. youtube.com. https://www.youtube.com/watch?v=UBJU0v3CuD4. Zugegriffen: 27. Jan. 2015.

Pitzke, M. (2011). Steve Jobs: Tod eines Weltverbesserers. Spiegel Online, 6.10.2011. http://www.spiegel.de/netzwelt/web/steve-jobs-tod-eines-weltverbesserers-a-790187.html. Zugegriffen: 27. Feb. 2015.

Pitzke, M. (2013). Der Berserker geht von Bord. Spiegel Online, 23.08.2013. http://www.spiegel.de/wirtschaft/unternehmen/microsoft-chef-steve-ballmer-der-letzte-irre-geht-von-bord-a-918322.html. Zugegriffen: 20. Jan. 2015.

Pixar History. (1986–2015). The beginning. http://www.webcitation.org/67Yy90SBi. Zugegriffen: 27. Jan. 2015.

Pliouchtchai, I. (2013). Steve Ballmer going crazy. YouTube, 31.3.2006. https://www.youtube.com/watch?v=wvsboPUjrGc. Zugegriffen: 27. Jan. 2014.

Runge, Ch., & Ternès, A. (2014). Reputationsmarketing. In: *Internationale Trends in der Markenkommunikation: Was Globalisierung, neue Medien und Nachhaltigkeit erfordern* (S. 59–70). Wiesbaden.

Siegal, J. (2014). Woz explains why early Apple employees vowed to „never ever work for Steve Jobs again". bgr.com, 7.7.2014. http://bgr.com/2014/07/07/steve-wozniak-interview-steve-jobs/. Zugegriffen: 27. Jan. 2015.

Stephan. (2014). Steve Ballmer verlässt das Board von Microsoft. dr.windows.de, 19.8.2014. http://www.drwindows.de/content/4351-steve-ballmer-verlaesst-das-board-von-microsoftq.html. Zugegriffen: 23. Jan. 2015.

Steve Jobs. 15 Dinge, die Sie über den Apple Chef nicht wussten. (2014). Focus money online, 5.10.2014. http://www.focus.de/finanzen/news/unternehmen/steve-jobs-15-dinge-die-sie-nicht-ueber-steve-jobs-wussten_id_4176959.html. Zugegriffen: 27. Jan. 2015.

Steve Jobs speaks out. (2008). Fortune.com, 7.3.2008. http://archive.fortune.com/galleries/2008/fortune/0803/gallery.jobsqna.fortune/index.html. Zugegriffen: 27. Jan. 2015.

Waters, R. (2010). Man in the news. Steve Jobs. Financial Times, 29. Jan. 2010. http://www.ft.com/intl/cms/s/0/2a2b1506-0d0b-11df-a2dc-00144feabdc0.html#axzz3Q6cNiEsP. Zugegriffen: 27. Jan. 2015.

Wilhelm, A. (2014). Steve Ballmer steps down from Microsoft's Board. thecrunch.com, 19.8.2014. http://techcrunch.com/2014/08/19/ballmer-steps-down-from-microsofts-board/?ncid=pushup. Zugegriffen: 23. Jan. 2015.

Zahn, A. (2013). Zwei Jahre nach dem Tod von Steve Jobs. Focus Online, 27.8.2013. http://www.focus.de/kultur/vermischtes/zwei-jahre-nach-dem-tod-von-steve-jobs-laurene-powell-nach-dem-sie-ihre-grosse-liebe-verlor-findet-sie-einen-neuen-mann_aid_1082614.html. Zugegriffen: 27. Jan. 2015.

ZEE. (2010). Steve Jobs: Apple was 90 Days from Going Bancrupt. TNW, 2.6.2010. http://thenextweb.com/apple/2010/06/02/steve-jobs-90-days/. Zugegriffen: 27. Jan. 2015.

Zito, T. (1984). From the Archives: Steve Jobs on the birth of the Mac. The Daily Beast, 10.6.2011. http://www.thedailybeast.com/articles/2011/10/06/steve-jobs-1984-access-magazine-interview.html. Zugegriffen: 27. Jan. 2015.

Was Sie aus diesem Essential mitnehmen können

- Professionelle Begleitung des guten Rufes ist unersetzbar
- Methodische Herangehensweise ist das A und O
- Wichtigkeit der strategischen Betreuung von Internet-Auftritten und Presseberichten von Managern und Führungskräften
- Geschickter Umgang mit rufschädigenden Situationen
- Vermeidung typischer Fehler im Umgang mit den Medien

A. Ternès, C. Runge, *Reputationsmanagement*, essentials,
DOI 10.1007/978-3-658-10307-1

MIX
Papier aus verantwortungsvollen Quellen
Paper from responsible sources
FSC® C105338

If you have any concerns about our products,
you can contact us on
ProductSafety@springernature.com

In case Publisher is established outside the EU,
the EU authorized representative is:
Springer Nature Customer Service Center GmbH
Europaplatz 3, 69115 Heidelberg, Germany

Printed by Libri Plureos GmbH
in Hamburg, Germany